Adolph Goldschmidt

Der Albanipsalter in Hildesheim und seine Beziehung zur symbolischen Kirchenskulptur des XII. Jahrhunderts

Adolph Goldschmidt

Der Albanipsalter in Hildesheim und seine Beziehung zur symbolischen Kirchenskulptur des XII. Jahrhunderts

ISBN/EAN: 9783743315785

Hergestellt in Europa, USA, Kanada, Australien, Japan

Cover: Foto ©Thomas Meinert / pixelio.de

Manufactured and distributed by brebook publishing software (www.brebook.com)

Adolph Goldschmidt

Der Albanipsalter in Hildesheim und seine Beziehung zur symbolischen Kirchenskulptur des XII. Jahrhunderts

circuidederunt me uiuli

SDSMS
respice me:
quare me
dereliquisti:
longe asalute
mea uerba
delictorum
meorum.
Dīns cla
mabo pdié
ęn exaudies:

ęnocte ęnon adinsipientiam michi.
Tu autem insċo habitas: laus rsrael.
In te sperauerunt patres nostri:
sperauerunt ęliberasti eos.
Ad te clamauerunt ęsalui facti sunt:
in te sperauerunt ęnon sunt confusi
go autem sum uermis ęnon homo:
opprobrium hominū ęabiectio plebis.
Oīns uidentes me deriserunt me:
locuti sunt labiis ęmouerę caput.

Tafel I.

Initiale von Psalm XXI.
(circumdederunt me vituli multi.)

DER

ALBANIPSALTER IN HILDESHEIM

UND SEINE BEZIEHUNG

ZUR

SYMBOLISCHEN KIRCHENSCULPTUR

DES XII. JAHRHUNDERTS.

VON

ADOLPH GOLDSCHMIDT.

MIT 8 TAFELN UND 44 TEXT-ILLUSTRATIONEN.

BERLIN.
VERLAG VON GEORG SIEMENS.
1895.

MEINEN ELTERN.

Inhalt.

Ueber die Psalterillustration des Mittelalters.

Von den Büchern der mittelalterlichen Liturgie wurden die Psalmen am meisten gelesen, sie hatten daher keine geringe Bedeutung für den Gedankenkreis der Geistlichkeit und in Anlehnung an diese auch für den der Laien. Man liebte es, ein so wesentliches und zum täglichen Gebrauch bestimmtes Buch durch Bilder zu schmücken, und oft mehr als Commentare und Glossen zeigen solche Bilder die Gedanken, die sich an die reiche Sprache der Psalmen knüpften.

Das Interesse für den Vorstellungskreis des Mittelalters führt immer wieder auf dieses Thema, vor Allem haben Kondakoff und Anton Springer die Aufmerksamkeit auf die Psalterillustrationen gelenkt[1]); eine umfassende Uebersicht, welche auch die spätere Hälfte des Mittelalters einschliesst, giebt es noch nicht.

Bei den einschlägigen Arbeiten hat man bisher keine Rücksicht genommen auf die Theilungen innerhalb der Psalterien, obgleich sie zuweilen bedeutsame Hinweise auf ihre Herkunft und Ableitung geben. Von solchen Theilungen giebt es vier wichtige und allgemeinere:

1. Die Theilung, die sich der römischen Liturgie anschliesst und mit Psalm 1, 26, 38, 52, 68, 80, 97, 109 die Anfänge der Matutinen

---

[1]) N. P. Kondakoff, Miniaturbilder einer griech. Psalmenhandschrift aus dem 9. Jahrh. in der Sammlung Chludoff in Moskau. 1878. Russisch, und ders. Histoire de l'Art Byzantin.

A. Springer, Die Psalterillustrationen im frühen Mittelalter, mit besonderer Rücksicht auf den Utrechtpsalter. Leipzig 1880, in den Abhandl. d. königl. sächs. Ges. d. Wissensch., phil.-histor. Classe Bd. 8, S. 187, und in der Vorrede zu Kondakoff, L'Art Byzantin. — Den Anregungen Anton Springer's verdanke ich auch das Interesse für das vorliegende Thema, das mich allerdings in einzelnen Punkten zu anderen Ansichten als den seinen führte.

der 7 Tage der Woche und den Beginn der Sonntagsvespern betont und auf diese Weise 8 Theile schafft[1]).

2. Die Dreitheilung der 150 Psalmen in Gruppen von 50 Psalmen, mit denen zuweilen noch eine Untertheilung in 5 Gruppen von 10 vorgenommen wird, also eine mehr äusserliche, formale. Die Hauptanfänge bilden Ps. 1, 51 und 101, die Nebenabsätze Ps. 11, 21, 31 etc.

3. Die Theilung nach der byzantinischen Liturgie in Gruppen von 4 bis 15 Psalmen durch 20 Kathismata, deren zehntes vor Ps. 77 fällt und das wichtigste ist, da es die Mitte des Psalters bezeichnet und nach ihm die zweite Hälfte beginnt[2]).

4. Die alte hebräische Theilung in fünf Bücher, die mit Psalm 1, 41, 72, 89, 106 ihren Anfang nehmen[3]).

Die Theilstellen sind durch mehr oder minder reich ausgezeichnete Initialen hervorgehoben und bilden zugleich den Ort für die figürlichen Illustrationen. Angaben über die Eintheilungen fehlen in Catalogen und Beschreibungen fast immer und sind selbst in Monographien ausser Acht gelassen; man ist daher fast vollständig auf eigene Anschauung angewiesen[4]).

Das Resultat, welches ungefähr 220 mit Schmuck versehene Psalterhandschriften des 8. bis 14. Jahrh. gegeben haben, ist mit Bezug auf die Eintheilung folgendes:

Die **Achttheilung**, in engster Verbindung mit der römischen Liturgie, findet sich von Anfang an in den Ländern, wo eben die römische und die abgeleitete gallicanische Liturgie maassgebend waren, also in Italien und Frankreich. Sie findet sich z. B. deutlich in dem fränkischen Psalter von ca. 795 in Paris (Bibl. Nat. Lat. 13159), in

---

[1]) Auf diese Theilung macht zwar Walter De Gray Birch, Early drawings and illuminations etc. in the British Museum S. 252 aufmerksam, trennt sie aber nicht scharf von der folgenden.

[2]) Vgl. H. Brockhaus, Die Kunst in den Athosklöstern S. 173. — v. Muralt, Briefe über den Gottesdienst 1838, S. 46. — Die 20 Kathismata liegen nach Psalm 8, 16, 23, 31, 36, 45, 54, 63, 69, 76; 84, 90, 100, 104, 108, 117, 118, 133, 142, 151 (apokrypher Psalm).

[3]) Die Nummern der Psalmen sind die des Vulgatatextes; nach der hebräischen Version sind es Psalm 1, 42, 73, 90, 106.

[4]) An dieser Stelle möchte ich auch den Bibliothekaren der verschiedenen Bibliotheken meinen Dank abstatten für das freundliche Entgegenkommen, das mir fast überall bei meinen Studien zu theil wurde; ausserdem aber bin ich noch Anderen zu Dank verpflichtet, die mich durch ihre Notizen über einzelne Handschriften unterstützten, vor Allem Herrn Dr. Paul Clemen in Bonn und Dr. Wilhelm Voege in Strassburg, der mir auch seine Pausen des Stuttgarter und des Münchener Psalters (Lat. 343) freundlichst zur Verfügung stellte.

den Psalmen der Alcuinbibel in London (Brit. Mus. Add. 10546), den Bibeln Karl's des Kahlen aus St. Denis und des Roriko (Paris Bibl. Nat. Lat. II und III)[1]) und bleibt in Italien wie in Frankreich auch bis Ende des Mittelalters die maassgebende.

Zuweilen werden auch die Anfänge der Vesperpsalmen noch hervorgehoben, die eher Verschiebungen unterworfen scheinen als die Matutinanfänge.

Die **Dreitheilung** tritt im Gegensatz dazu in Irland auf. Die alten irischen Psalterien zeigen sie stets, nie dagegen die Achttheilung (z. B. in Cambridge St. John's College Ms. C. 9. — Brit. Mus. Vitellius F. XI. — Dublin Trinity Coll. Psalter des Ricemarchus)[2]).

Es wäre wohl möglich, dass die Eintheilung in die drei Abschnitte von 50 Psalmen ihren Grund in der abweichenden irischen Regel des Columban findet, sie kann aber ebensowohl auf einen schon älteren Gebrauch zurückgehen, da die Dreitheilung sich von Anfang an in den kirchlichen Schriften einer grossen Beliebtheit erfreute. Von Irland aus ging diese Psaltertheilung zu den Angelsachsen über, die sie ebenfalls im Gegensatz zu Frankreich vollständig aufnahmen, und wanderte dann mit den irischen Missionaren durch Belgien, die Gegenden zwischen Ardennen und Vogesen nach Oberdeutschland und in die Schweiz bis über die Alpen zum Kloster Bobbio. (Z. B. Brit. Mus. Arundel 60, angelsächsisch Saec. X—XI, Add. 18043 aus Stavelot Saec. X. — Trier, Stadtbibliothek Ms. 7 und Ms. 14 Saec. X—XI. — Psalter Lothar's v. Jahre 833 in englischem Privatbesitz, nach Janitschek, Adahandschrift aus der Metzer Schreibschule. — München, Staatsbibl. Cod. lat. 11020, oberdeutsch Saec. XI. — Stuttgart, Oeffentl. Bibl. Biblia fol. 12 und fol. 67, oberdeutsch. — Bamberg, Kgl. Bibl. A. I. 14 v. Jahre 909 aus St. Gallen. — St. Gallen, Stiftsbibliothek Cod. 20, 23 (Folkart's Psalter), 27 Saec. IX, Cod. 347. — München, Staatsbibl. Cod. lat. 18121. Saec. XI aus Tegernsee. — Ebend. Cod. lat. 343 Saec. X aus dem Mailändischen, vermuthlich Kloster Bobbio.) Schon der Psalters Lothar's zeigt die Unterabtheilungen der 15 Gruppen von 10 Psalmen[3]), ferner die meisten

---

[1]) Eine Ausnahme bildet der von Karl dem Grossen an Hadrian geschenkte Psalter (Wien, Hofbibl. Cod. 1861), der nur Psalm 109, daneben aber die Dreitheilung markiert hat.

[2]) Die näheren Angaben über den Psalter des Ricemarchus verdanke ich der Güte des Bibliothekars von Trinity Coll.

[3]) Durch die freundliche Vermittelung der früheren Besitzer, der Herren Ellis und Elvey in London wurde mir die genauere Eintheilung des Psalters mitgetheilt.

der St. Gallener, die Tegernseeer und die Mailändische Handschrift, so dass wir annehmen können, dass diese Zergliederung sich aus der irischen Dreitheilung auf dem Wege nach den Alpen entwickelte.

Auf den Grenzgebieten gegen Frankreich mischen sich zuweilen, wie ja leicht verständlich ist, beide Eintheilungen, besonders im nördlichsten Frankreich und in der Nähe des Rheines; so zeigt z. B. der fränkische Psalter des 10. Jahrhunderts in Amiens (Bibl. Communale No. 18) die Dreitheilung, der mehr angelsächsische aus St. Bertin aus dem 10. Jahrh. in Boulogne (Bibl. Comm. No. 20) beide Eintheilungen vermischt. Ebenso zeigt der prächtig ausgestattete Psalter Karls des Kahlen, dessen Entstehung Janitschek nach Corbie verlegt hat, beide Theilungen in Gemeinschaft. Diese combinierte Theilung kann man der Kürze wegen die Zehntheilung nennen, da zu den 8 liturgischen Grenzpunkten noch Psalm 51 und 101 hinzutreten. Auch in südenglischen Handschriften des 11. Jahrhunderts findet sie sich zuweilen (Brit. Mus. Arundel No. 155, Tiberius C. VI).

Bei auffallenden Ausnahmen liegt meist doch eine Begründung nahe. Der sogenannte Augustinpsalter im Brit. Mus. (Vespasian A. I.), wohl aus dem 8. Jahrhundert, von einem Angelsachsen geschrieben und mit altangelsächsischer Ornamentik ausgestattet, bringt dennoch die in Frankreich übliche römisch-liturgische Achttheilung. Dies findet darin seine Erklärung, dass die Handschrift, wie schon der althergebrachte Name andeutet, die Copie eines römischen Vorbildes ist. In der Zeichnung des psalmierenden David, die ganz im Gegensatz zu andern irischen und angelsächsischen Darstellungen steht, ist die römische Vorlage noch deutlich erkennbar. Umgekehrt bietet das Psalterium der Salaberga aus Laon, wohl aus dem 8. Jahrh., (Berlin, Kgl. Bibl. Cat. theol. fol. 358) neben der heimischen Achttheilung die irische Dreitheilung, wofür der Grund in dem Schreiber zu suchen ist, dessen Hand sowohl wie seine Ornamentation durchaus irischen Charakter tragen.

Als allgemeine Regel kann man jedenfalls aufstellen, dass im frühen Mittelalter die Achttheilung der Psalterien in Italien und Frankreich, die Dreitheilung in Irland, England und Deutschland einschliesslich der Alpen die übliche war. Mit dem Schluss des 11. Jahrhunderts ändert sich das Verhältniss, die Achttheilung findet eine grössere Verbreitung auch in den germanischen Ländern, sie vereinigt sich vielfach mit der dort gepflegten Dreitheilung zur Zehntheilung, doch fast immer so, dass wenn ein Werthunterschied in dem Schmuck der Theilstellen vorhanden ist, die Grenzen der

Dreitheilung, also Psalm 1, 51, 101 die bevorzugten und bedeutsameren bleiben[1]), während umgekehrt in Frankreich, wo eine Combination stattfindet, meist die Dreitheilung einen untergeordneten Rang behält[2]). Das Psalterium des Ellinger zum Beispiel aus dem Kloster Tegernsee vom 11. Jahrhundert (München, Staatsbibl. Cod. lat. 18121) zeigt noch die Dreitheilung mit den 15 Unterabtheilungen von 10 Psalmen, ein anderes desselben Klosters aus dem 12. Jahrhundert (München, Staatsbibl. Cod. lat. 18529a) die liturgische Achttheilung. Es muss also eine ganz scharfe Neuerung um das Jahr 1100 stattgefunden haben, England wie Deutschland geben dafür die Belege. Der Grund für diesen Wandel ist offenbar in den Reformen Gregor's VII in eben dieser Zeit zu suchen, in der festen Fassung des römischen Officiums und einer einheitlichen Verbreitung desselben über die ganze katholische Kirche durch das Conzil zu Burgos im Jahre 1085[3]).

Die **Zweitheilung**, deren Abschnitt vor Psalm 77 ($Προσέχετε$ $λαός$ $μου$ $τῷ$ $νόμῳ$ $μου$ . . ., Attendite popule meus . . .) liegt, findet sich bei allen byzantinischen Psalterien, selbst dort, wo die übrigen Kathismata nicht durch besondere Initialen oder Zwischenräume ausgedrückt sind. Zuweilen giebt nur ein Schlussstrich oder eine Ranke oder ein grösserer freier Raum die Andeutung, bei reicheren Handschriften begegnen wir ornamentalen Vorsatzstücken und zuweilen auch Bildern. Die gebräuchlichste Illustration an dieser Stelle ist dem Inhalt des Psalmes entsprechend: Moses rettet das Volk Israel, indem er es durch das rothe Meer führt, und giebt ihm das Gesetz. Daneben ist, in den griechischen Psalterien aber häufig noch Ps. 50 ($'Ελέησόν$ $με$ $ὁ$ $θεὸς$ $κατὰ$ $το$ $μέγα$ . . . Miserere mei Deus secundum magnam . . .) ausgezeichnet und mit dem Bilde von David's Busse vor dem Propheten Nathan geschmückt[4]). Auch der apokryphe Psalm 151

---

[1]) Bamberg, Kgl. Bibl. A. I. 32, 34; A. II. 47. — Erlangen, Univers. Bibl. 451 u. 570. — München, Staatsbibl. Cod. lat. 2951, 4609, 7911, 15909, 23112, 23118. — Augsburg, Stadtbibl. Cod. lat. VI. — Stuttgart Biblia 4°, 5 u. 10. — Sigmaringen, Cod. No. 11 etc.

[2]) z. B. Paris, Bibl. Nat. Lat. 238, Lat. 1073 A. — Venedig, Marciana Lat. I. Cod. XXI. — München, Staatsbibl. Cod. lat. 827 etc.

[3]) Vgl. Bäumer, Geschichte des Breviers im Katholik, Ztschr. f. kath. Wissenschaft. Jahrg. 1888—91. — Wilhelm Brambach, Psalterium, in Diazko, Sammlung bibliotheks-wissenschaftlicher Abhandlungen Heft I.

[4]) Vgl. H. Brockhaus a. a. O. S. 173 ff. — Vielleicht liegt der Grund zur Auszeichnung von Psalm 50 darin, dass sein 17. Vers: „Domine, labia mea aperies . . .“ in dem Officium wiederholt die Eröffnung bildet.

ist in byzantinischen Psalterien oft durch den Goliathkampf illustriert. Diese byzantinische Zweitheilung ist hier und dort auch in vereinzelte abendländische Psalterien eingedrungen, und wir können in solchen Fällen mit einer gewissen Sicherheit auf directe oder mittelbare Beziehungen zu griechischen Handschriften schliessen, die uns meist auch noch durch andere Anzeichen bestätigt werden.

In dem Psalter der Königin Charlotte von Jerusalem aus dem 13. Jahrhundert (Berlin, Kupferst. Kab. Hamilton 119), reich an Miniaturen eines byzantinischen Illustrators, stehen der griechische und lateinische Text neben einander und theilen sich gegenseitig ihre Eintheilung mit, die Achttheilung dem griechischen, die Zweitheilung dem lateinischen.

Die hebräische **Fünftheilung** endlich tritt aus den hebräischen Psalterien und der hebräischen Version des Hieronymus vereinzelt auch in andere lateinische Psalterhandschriften ein. Psalterien nach der hebräischen Version des Hieronymus waren schon im Mittelalter ziemlich selten, und gegen die Eintheilung in fünf Bücher spricht sich dieser Kirchenvater selbst schon aus. Trotzdem bestätigt Eusebius und auch Hieronymus in mehrfachen Aeusserungen, dass die Eintheilung gebraucht war; von Cassiodorus wurde sie sogar dem Hieronymus selbst zugeschrieben[1]).

Wenden wir nun unsern Blick auf die Illustrationen der Psalterien, um zu sehen, ob zwischen ihnen und den Verschiedenheiten der Eintheilung Beziehungen vorhanden sind.

Die figürlichen Darstellungen können entweder den Inhalt bestimmter Psalmen und Verse wiedergeben, oder sie stehen in einer allgemeineren Beziehung zur Gesammtheit des Psalters, sie sind also wirkliche Illustrationen im engeren Sinne oder sie sind Titelbilder.

Es ist leicht verständlich, dass der Gebrauch solcher Titelbilder dort vorherrschte, wo die Gliederung des Psalters eine mehr formale, äusserliche war, wie sie uns in den irischen und deutschen Handschriften in der Dreitheilung von je 50 Psalmen entgegentritt, während sich die Rücksicht auf den speciellen Psalmeninhalt stärker bei den liturgischen Abtheilungen geltend machte. Denn hier war der Inhalt des Psalmes das Wesentliche für die Stellung, die er in der Liturgie einnahm.

In den ältesten dreitheiligen Psalterien findet sich zuweilen nur vor dem ersten Psalm, oft aber auch vor dem 51. und 101. ein Bild

---

[1]) Migne, Patrologie Bd. XXVIII, S. 1183.

oder eine figürliche Initiale. Es wiederholen sich in verschiedenen Handschriften dieselben Darstellungen, doch nicht gebunden an bestimmte Stellen, sondern wechselnd vor den drei Anfangspunkten. Die Gegenstände sind:

Brustbild König David's (Brit. Mus. Add. Ms. 18043).

David rettet das Lamm vom Löwen (Cambridge St. John's Coll. Ms. C. 9).

David's Sieg über Goliath (Cambridge St. John's Coll. Ms. C. 9. — Brit. Mus. Vitellius F. XI. — Ebend. Add. Ms. 18043).

David mit Musikinstrument (Brit. Mus. Vitellius F. XI. — Ebend. Ar. Ms. 60).

David mit seinen Sängern (Cambridge Univers. Libr. F. f. 1. 23. — München, Staatsbibl. Cod. lat. 7355).

Crucifixus mit Longinus und Stephaton (Cambridge St. John's Coll. Ms. C. 9).

Crucifixus mit Maria und Johannes (Trier, Stadtbibl. Cat. Ms. 14. — München, Staatsbibl. Cod. lat. 7355 und 11020. — Cambridge, Univers. Libr. F. f. 1. 23. — Brit. Mus. Harl. 2904. — Paris, Bibl. Nat. Lat. 11550).

Crucifixus mit den Evangelistenzeichen (Brit. Mus. Arundel Ms. 60).

Christus in der Glorie (München, Staatsbibl. Cod. lat. 11020 u. 27054. — Cambridge Univers. Libr. F. f. 1. 23).

Also entweder David, der Verfasser des Psalters, in den verschiedenen Ausdrucksweisen seiner Persönlichkeit oder Christus, der Gegenstand der Prophetie des Psalters, im Bilde seines Leidens oder seines Triumphes. Man kann sie sämmtlich als allgemeinere Titelbilder ansehen.

Am üblichsten wird die Vertheilung:

Vor Psalm 1 David,
„   „   51 Crucifix,
„   „   101 Christus in der Glorie.

Doch bildet sich diese Anordnung nach den vorhandenen Beispielen erst im 11. Jahrhundert heraus und die Fixierung des Christus in der Glorie auf Psalm 101 legt schon Beziehungen zum Texte nahe. Manche Verse des Psalmes wie V. 20 deuten auf Christus als Weltrichter.

Mit dem 11. Jahrhundert beginnt auch allmählich das Hineinwachsen der liturgischen Theilung in die Dreitheilung auf angelsächsischem und deutschem Gebiet, und zwar war es Psalm 109 „Dixit Dominus Domino meo", dessen Auszeichnung zuerst Eingang

fand. Er bildete den Anfang zum achten Abschnitt der römisch-
liturgischen Theilung, also den Beginn der Vesperpsalmen nach Ab-
schluss der Matutinpsalmen, hatte demnach eine wichtigere Stelle als
die andern Theilpunkte, welche nur die Matutinpsalmen der verschiedenen Tage trennten.

Dort, wo nun eine figürliche Illustration in oder vor der Initiale
diesen neu ausgezeichneten Psalm 109 einleitet, stossen wir fast immer
auf die bildliche Wiedergabe der Worte des ersten Verses: „Dixit
Dominus Domino meo: Sede a dextris meis, donec ponam inimicos tuos
scabellum pedum tuorum":

> Christus tritt auf Löwe und Drachen (Cambridge Univers. Libr.
> F. f. 1. 23, Saec. XI, angelsächsisch).
> Christus tritt auf Menschenköpfe (inimicos) (Leipzig, Univers. Bibl.
> Saec. XI, aus dem Hennegau).
> Christus thront zur Rechten Gottvaters und tritt auf menschliche
> Figuren (Brit. Mus. Landsd. 383, Saec. XII, englisch) etc.

Und während so die speciellere Versillustration mit der liturgischen Theilungsstelle Eingang fand, passen sich ihr bei diesen
Mischpsalterien auch zuweilen die Bilder der Dreitheilung an; so
findet sich vor Psalm 1, welcher den Gegensatz der Guten und der
Gottlosen behandelt, David mit seinen Sängern einem Teufel gegen-
übergestellt (Brit. Mus. Landsd. 383), vor Psalm 51 „Quid gloriaris in
malitia" Christus einen Drachen beschwörend (Leipzig, Univers. Bibl.
Hennegau-Psalter), vor Psalm 101 „Domine exaudi orationem meam"
König David oder andere Männer betend (dieselbe Hds. und Wien,
Hofbibl. Cod. 1129).

Im Gegensatz dazu verschiebt sich die Darstellung Christi, der
auf Löwe und Drachen tritt, von Psalm 109 nun auch als Titelbild
an andere Stellen, besonders vor Psalm 101 (Berlin, Cat. theol. fol. 358,
Saec. XI aus Werden. — Karlsruhe, Grhzgl. Bibl. Aug. CLXI, ca.
A. 1000 Reichenau (?). — Brit. Mus. Tiberius C. VI. Saec. XI, angelsächsisch).

Die erhaltenen Handschriften belegen uns also, dass die speciellere Versillustration mit der liturgischen Theilung gemeinsam vor-
geht, und sie wird dementsprechend auf italienisch-französischem
Boden auch ihre erste Ausbildung erfahren haben. Eine Bestätigung
bringt der in München (Staatsbibl. Cod. lat. 343) aufbewahrte Psalter
des 10. Jahrhunderts, der aus der Lombardei, der südlichen Alpen-
grenze, stammt und der südlichste Vertreter der in den Alpenklöstern
üblichen 15theilung ist, wie sie sich aus der irischen Dreitheilung

herausgebildet hat. Seiner Berührung mit Italien ist nun gewiss zuzuschreiben, dass er auch die einzige Handschrift dieser Gruppe ist, welche vor den einzelnen Abtheilungen Initialen mit Illustrationen besitzt, die sich direct auf die Worte des ersten Psalmverses beziehen, z. B.

> Ps. 31. Zwei Heilige in Orantenstellung (Beati, quorum remissae sunt iniquitates).
>
> Ps. 51. Ein sitzender Mann erfasst eine Schlange, die sich um sein Bein windet und ihm entgegenzüngelt, und droht ihr (Quid gloriaris in malitia).
>
> Ps. 131. Ein Engel redet zu Gott, dessen Hand allein sichtbar ist, neben ihm steht König David (Memento, domine, David) u. s. w.

Zunächst wird man nun fragen: wo sind denn alte französische oder italienische Psalterhandschriften mit solchen speciellen Illustrationen vor den liturgischen Abschnitten? Sie fehlen, wenigstens sind die uns erhaltenen Handschriften des 8.—11. Jahrhunderts, welche diese Eintheilung zeigen, nur mit ganz vereinzelten Bildern versehen, und erst seit dem 12. Jahrhundert sind uns in Frankreich solche Illustrationen vor den Matutinanfängen bekannt, die sich im 13. Jahrhundert zu einem feststehenden Schema ausgebildet haben, von dem späterhin die Rede sein wird.

Dagegen zeigen sich schon früh auf französischem Boden vollständig illustrierte Psalterien, in denen alle oder die meisten Psalmen mit Bildern ausgestattet sind, die sich dann fast immer auf den Inhalt des betreffenden Psalmes beziehen. Auf solchen Handschriften nun baut sich die Illustrationsweise auf, die für die französischen Psalterien des späteren Mittelalters maassgebend blieb, und die zugleich mit der liturgischen Achttheilung auch in England und Deutschland den üblichen Titelbildern gegenübertrat.

Die auf die einzelnen Psalmentexte bezüglichen Bilder können dreierlei Art sein, sie können rein historisch sein, also die Vorgänge aus dem Leben David's schildern, bei denen er den jeweiligen Psalm gedichtet hat, Umstände, die mehrfach durch die Ueberschriften der Psalmen angedeutet werden. Dann können sie typologisch sein, indem sie Ereignisse aus dem Leben Christi oder der Heiligen bringen, für die der Psalmentext eine Prophezeihung oder ein Vorbild zu sein scheint. Endlich, und dies ist das häufigste, übertragen sie die Worte des Textes unmittelbar in ein sinnliches Bild, zeichnen einen Löwen, wenn im Texte von einem Löwen, bogenschiessende Teufel, wenn von den Pfeilen der Bösen die Rede ist.

Zunächst sei hier die Rede von dieser letzten Gattung. Die ältesten solcher Handschriften sind der Utrechtpsalter (Utrecht, Univ. Bibl.) aus dem ersten Drittel des 9. Jahrhunderts und der in Stuttgart (Kgl. öffentl. Bibliothek, Biblia fol. 23) aufbewahrte Psalter, vermuthlich aus dem 10. Jahrhundert. Beide Handschriften sind wohl in Frankreich enstanden, der Utrechtpsalter wahrscheinlich in der Diöcese Rheims[1]), und auch für den Stuttgarter Psalter wird man schwer eine andere Heimath als Frankreich geltend machen können, obgleich mir eine bestimmte Localisierung innerhalb Frankreichs nicht möglich ist. Beide bringen in ausgiebiger Weise zu jedem Psalm eine Anzahl von Figuren und Scenen, welche genau die Textworte in Bilder übertragen, die ohne diese Worte gänzlich unverständlich wären. Der Stuttgarter Psalter unterscheidet sich vom Utrechter dadurch, dass er die Person König David's als des Sprechenden noch mehr in die Darstellungen hineinbringt und reicher an allegorischen Figuren ist; auch sind zwischen beiden Handschriften grosse stilistische und technische Verschiedenheiten vorhanden. Der Utrechtpsalter hat nur farblose Federzeichnungen, der Stuttgarter vollständig, wenn auch mit dünner Farbe, colorierte Bilder.

Ist nun diese Illustrationsweise, die uns im 9. und 10. Jahrhundert auf französischem Boden entgegentritt, eine einheimische Erfindung? Stutzig macht uns zunächst die Theilung. Sowohl der Utrechtpsalter als auch der Stuttgarter betonen die byzantinische Zweitheilung, die in abendländischen Handschriften eine äusserst seltene Erscheinung ist. Der Utrechtpsalter zeigt weder die liturgische Eintheilung, wie es in Frankreich, noch die formale, wie es in England zu erwarten wäre, jeder Psalm ist gleichmässig mit einem Bild und gleichartigen Textanfängen versehen, nur vor Psalm 77 (fol. 44 v.), der Theilstelle byzantinischer Psalterien, ist fast eine ganze Seite freigelassen und nur oben einige wenige Textreihen, der Schluss von Psalm 76, hingeschrieben. Auch bringt das Bild zum 77. Psalm einen Greis, wohl Moses, welcher dem Volke das Gesetz verkündet, eine Darstellung, wie sie sich an dieser Stelle in byzantinischen Psalterien findet. Der Stuttgarter Psalter hat die Initialen der Matutinanfänge

---

[1]) Vgl. Goldschmidt, Der Utrechtpsalter, im Repert. f. Kunstwissenschaft Bd. XV. — Paul Durrieu, L'origine du Psautier d'Utrecht in den Mélanges Julien Havet 1895, ist unabhängig von dieser Abhandlung, die ihm unbekannt geblieben ist, jetzt zu denselben Resultaten gelangt. — Vollständige Facsimile-Reproduction durch die paläographische Gesellschaft in London: Latin Psalter in the University Library of Utrecht. Photographed and Produced in Facsimile by the Permanent Autotype Process of Spencer, Sawyer, Bird & Co., London 1875.

und auch einiger Vesperanfänge ausgezeichnet, daneben auch Psalm
101, aber nicht Psalm 51, so dass die formale Dreitheilung nicht wirklich aufgenommen ist. Ausser diesen Initialen aber, und zwar grösser
als alle diese ist diejenige vor Psalm 77 hervorgehoben, also auch
hier die byzantinische Eintheilung am stärksten betont.

Auch die Auffassung, die uns in den Illustrationen des Utrechtpsalters und des Stuttgarter entgegentritt und die neben andern ka-
rolingischen Handschriften so ungewöhnlich erscheint, ist keine diesen
Manuscripten allein eigenthümliche. Das Bestreben, den bildlichen
Worten der Psalmen eine genau entsprechende Wiedergabe in der
Zeichnung zu schaffen, ist hier zwar im äussersten Maasse durchgeführt, aber es ist nicht das Ergebniss eines neuen eigenen Gedankens
des Künstlers. Blicken wir nach Byzanz, so treffen wir dort ein
Gleiches in dem reich illustrierten Psalter vom Jahre 1066 (Brit. Mus.
Add. Ms. 19352). Ist derselbe auch um mehr als 200 Jahre jünger
als der Utrechtpsalter, so können wir doch nicht annehmen, dass er
seine Illustrationsweise vereinzelten abendländischen Psalterien entlehnt hat, sondern dass auch in Byzanz diese Gattung heimisch war.

Vergleichen wir einige Bilder im Utrechtpsalter mit der griechischen Handschrift. Der 3. Vers des 1. Psalmes „Et erit tanquam
lignum quod plantatum est secus decursus aquarum, quod fructum
suum dabit in tempore suo" ist in beiden Handschriften illustriert
durch einen Baum mit Blättern und Früchten, der am Wasser steht,
im Utrechtpsalter neben einem Flusse, welcher der Urne eines Fluss-
gottes entspringt, im griechischen Psalter zwischen den Quellen zweier
Flüsse, die ebenfalls in den Gefässen sitzender Männergestalten ihren
Ursprung nehmen. Der griechische Psalter fügt noch eine Figur
hinzu, welche von den Früchten des Baumes pflückt, um den Worten
„fructum suum dabit" noch mehr Nachdruck zu verleihen. Der folgende Vers 4 „non sic impii, non sic; sed tanquam pulvis, quem pro-
jicit ventus a facie terrae" führt im Utrechtpsalter zur Darstellung
der Schaar von Uebelthätern, die von einem geflügelten Kopfe, dem
Winde, angeblasen, der Hölle zuschreitet, während im griechischen
Psalter der Wind, ein bekleideter Jüngling mit langem Blasrohr, die
Schaar der „impii" durch seine Kraft zu Boden wirft.

In beiden Psalterien ist also nicht nur die Art der Illustrierung
dieselbe, sondern es sind auch die gleichen Motive aus dem Text
herausgewählt. Man kann dies weiter verfolgen bei Psalm 3, 9, 10,
11 etc., doch es würde zu weit führen, hier die ganze Reihe der
Analogien zu durchmustern.

Auch in älteren byzantinischen Handschriften sind Spuren dieser Auffassung vorhanden. Das Psalterfragment des 9. Jahrhunderts in der Pariser Nationalbibliothek (No. 20) giebt als Illustration zu Psalm 95 v. 9 „adorate Dominum in atrio sancto ejus" die geschäftige Arbeit an einem Baugerüst, dem Tempel Gottes; zu Psalm 103 v. 17 „illic passeres nidificabunt; Herodii domus dux est eorum" einen Reiher (herodius), der auf dem Kapitell einer Säule drei Eier bewacht, während eine Schaar kleinerer Vögel (passeres) den Platz umflattert, und in dem Chludoff-Psalter des 9. Jahrhunderts[1]) finden sich Illustrationen wie die Gerechten, die von Pfeilen verfolgt werden zu Psalm 10 v. 3 „ecce peccatores intenderunt arcum . . . . . . ut sagittent in obscuro rectos corde" oder der Engel, welcher einem Gotteslästerer die Zunge durchbohrt, zu Psalm 11 v. 4 „Disperdat Dominus universa labia dolosa et linguam magniloquam". Eng verwandt sind die entsprechenden Zeichnungen des Utrechtpsalters.

Bei den meisten byzantinischen Psalterien dieser Gattung verbinden sich mit solchen Wortillustrationen biblische Scenen, auf welche Psalmverse hinzudeuten scheinen. Der Utrechtpsalter entbehrt solcher biblischen Bilder fast ganz, etwas häufiger sind sie im Stuttgarter Psalter vertreten und decken sich dort auch vielfach mit denen der griechischen Psalterien, wie der Einzug Christi in Jerusalem in Psalm 8, Versuchung Christi in Psalm 90, Anbetung des goldenen Kalbes in Psalm 105, Kampf David's mit Goliath in Psalm 143 u. s. w., die ebenfalls an den betreffenden Stellen des griechischen Psalters von 1066 vorhanden sind.

Wenn Anton Springer in den Zeichnungen des Utrechtpsalters eine eigene Erfindung des westlichen Abendlandes sah, sie als Originalbilder betrachtete und sich in eine Welt naiver elementarer Cultur versetzt glaubte[2]), so sprechen die angeführten Thatsachen dagegen. Man kann sogar auf Umstände hinweisen, die es nahe legen, dass der Utrechtpsalter nicht nur in seiner Auffassung auf andere Vorbilder einer älteren Cultur zurückgeht, sondern unmittelbar eine Vorlage copiert. Dafür sprechen zahlreiche Verbesserungen während der Anlage der Zeichnung mit dem Stift; auf vielen der Bilder (z. B. Psalm 3, 6, 10, 11, 18, 19 u. s. w.) sind einzelne Gruppen bei der ersten Aufzeichnung zu hoch oder zu niedrig oder zu weit zur Seite gerathen und dann an richtigerer Stelle wiederholt, zuweilen mehrere Male. Man liess die Spuren der ersten Stiftangaben dann ruhig

[1]) Vgl. Kondakoff a. a. O.
[2]) Anton Springer, Psalterillustrationen a. a. O.

stehen. Hätte der Künstler nun frei aus sich selbst geschaffen, so hätte er diese Wiederholungen wohl nicht mit wenigen Ausnahmen ganz gleich gestaltet, sondern hätte bei der Neuzeichnung unwillkürlich Abweichungen gemacht; es spricht vielmehr dafür, dass er eine bestimmte Vorlage hatte. Auch scheint diese farbig gewesen zu sein, denn die Zeichnungen des Utrechtpsalters lassen das Bemühen hervortreten, die verschiedenen Töne und Schatten der Gegenstände wiederzugeben. Sehr starke Striche, dichte Schraffierungen, die oft zusammengelaufen sind, Wische mit dem Finger oder Pinsel machen dies besonders auffällig bei der hügeligen Bildung des Erdbodens, dem dichten Laubwerk der Bäume, den Wolken, Dächern der Häuser, offenen Thüren, Gefässen und auch bei zahlreichen Figuren. Feuer und Wasser sind oft ganz schwarz. Bei andern reinen Federzeichnungen und auch bei den späteren Copien des Utrechtpsalters ist die Technik viel weniger malerisch. Durch eine solche Uebertragung einer gemalten Vorlage in die Federzeichnung erklärt sich auch leicht der Eindruck der Originalität, den man mit Springer empfindet, wenn man den skizzenhaften Charakter der Zeichnung ins Auge fasst, die kleinen und doch richtigen Verhältnisse, die oft beinahe gekritzelten Einzelheiten, die erst bei sorgfältigster Betrachtung verständlich werden.

Auf ältere Vorbilder weisen ferner zahlreiche Entlehnungen aus der Antike, dann das starke idyllische Element, das sich ähnlich spätrömischen Werken in der hügeligen baumreichen Landschaft, den Gruppen weidenden Viehes, den zahlreichen Fischen und Vögeln, den ackernden und säenden Männern ausspricht. Im Costüm ähneln der in drei Zipfeln gezeichnete Schurz, der so häufig im Utrechtpsalter angebracht ist, die mit Riemen und Bändern umwickelten Unterschenkel, die flatternden Gewandenden sehr der Kleidung in älteren byzantinischen Handschriften (vgl. den Gregor von Nazianz des 9. Jahrhunderts in Paris, Bibl. Nat. 510, die Evangelien ebend. 64 und 74, die Psalterien 20 und 139). Auch in den breiten Köpfen mit der niedrigen Stirn und den starken Augenbrauen liegt noch der Nachklang antiker Kopftypen, und die eigenartige Ausbildung der Gesten, welche dem Utrechtpsalter und den ihm verwandten späteren Handschriften der Angelsachsen ein besonderes Gepräge giebt, scheint ebensosehr aus älterer Quelle entsprungen zu sein. Das Ungeschickte der gespreizten Handbewegungen, welches mit einer gewissen Aufdringlichkeit dem Beschauer entgegentritt, liegt meist daran, dass die Oberarme fest anliegen und die Bewegung sich nur im Unterarm

und den Händen ausdrückt. Die durch den Mantel festgeschlossenen
Oberarme sind in der spätantiken und altbyzantinischen Kunst
ausserordentlich häufig. Die Sarkophagreliefs zeigen sie, der Gregor
von Nazianz in Paris in zahlreichen Bildern, ebenso die Sammlung
heiliger Schriftstellen aus dem 9. Jahrhundert in Paris (Bibl. Nat. 923).
Nur die Hand ragt aus dem Gewande hervor, sie ist meist vollständig
geöffnet, und es bedurfte nur des Federzeichners, welcher die Finger
durch einzelne Striche wiedergab, um die gezwungenen und gespreizten Gesten des Utrechtpsalters daraus entstehen zu lassen.

Weit zahlreicher als im Utrechtpsalter sind die Entlehnungen
aus der Antike in dem etwas jüngeren Stuttgarter Psalter. Ausser
einer Menge antiker Personificationen wie Sol, Luna, Terra, Morbus,
Anima (als weibliche bekleidete Gestalt der Psyche näherstehend und
nicht wie in späteren Jahrhunderten als kleines Kind), wie Babylon
als Frau mit Mauerkrone, das Rothe Meer als Ungeheuer, welches die
Egypter verschlingt, hält sich auch die Auffassung noch an antike
Vorstellungen. So ist der „homo in honore" durch eine antike Sieger-
gestalt wiedergegeben, Christus, der nach Psalm 90 Löwe und Drachen
zu Boden tritt, vollbringt dies in der Rüstung eines römischen
Kriegers, die Wüste ist durch den Gott Pan characterisirt. Auch
die Kleidung, die Haartracht, die Geräthe sind meist antik; die Gebäude zeigen gewöhnlich ein Tympanon mit einem seitwärts blickenden
Adler, ganz wie sie sich auf nachgeahmten Portalen spätrömischer
Sarkophage finden; die Thiere, besonders die mehrfach angebrachten
Stiere, haben einen vollständig antiken Character; unter den Ge-
schöpfen, welche das Meer beleben, befinden sich Polypen, die gewiss auf den Süden weisen.

Unverkennbar sind also sowohl im Utrechtpsalter als auch im
Stuttgarter die Beziehungen zur älteren Cultur in Rom und Byzanz.
Die Eintheilung und die Vergleichung mit andern Handschriften
führte uns zunächst zu byzantinischen Quellen; dabei muss man jedoch bedenken, dass uns weder illustrirte altchristliche Handschriften
des Psalters noch genügende liturgische Kenntnisse jener Frühzeit zu
Gebote stehen, um zu ermessen, ob diese Gattung von Psalterien mit
Wortillustrationen nicht schon in Rom vorhanden und ob dort nicht
auch die Theilung des Psalters vor Psalm 77 schon eingeführt war. Es
könnten dann den fränkischen Zeichnern ebensowohl spätrömische
Vorbilder statt der altbyzantinischen vorgelegen haben.

Wie sich diese Vorbedingungen auch gestalten, jedenfalls sind
die Psalterien mit Wortillustrationen, wie der Utrecht- und der Stutt-

garter Psalter, keine Originalschöpfung der jungen Culturvölker nördlich der Alpen.

Aber diese Art der Psalterbilder fand weitere Pflege, zunächst in Nordfrankreich und dann in England. Aus England stammen die meisten der uns erhaltenen Handschriften. Von dem Utrechtpsalter giebt es noch drei Copien in London (Brit. Mus. Harl. 603) aus dem 11. Jahrhundert, in Cambridge (Trinity College, Eadwinpsalter) aus dem 11.—12. Jahrhundert, und in Paris (Bibl. Nat. Lat. 8846) aus dem 13. Jahrhundert.

Der Londoner Psalter ist eine unmittelbare Copie des Utrechtpsalters, wie aus einer Menge von Einzelheiten zweifellos hervorgeht, und zwar war eine Reihe verschiedener Hände an dieser Copie thätig. Zunächst waren es drei Zeichner, welche jeder, offenbar damit die Arbeit schneller vollendet würde, ein Drittel des Psalters übernahmen. Die drei verschiedenen Hände beginnen mit Psalm 1, 51 und 101. Doch haben auch noch Andere daran gearbeitet, und besonders der letzte der drei hat seine Aufgabe nur zum kleinen Theil durchgeführt, denn mit Psalm 112 beginnt eine andere aber ungefähr gleichzeitige Hand, welche den Utrechtpsalter nicht mehr als Vorlage hat, aber die Illustrationen in der gleichen wörtlichen Auffassung bis zum Schluss fortsetzt. Es ist dies wichtig, weil wir daraus sehen, dass die Copie keine rein äusserliche war, sondern man mit dem Gehalt und der Denkweise solcher Illustrationen vollständig vertraut war und es auch vermochte, neue ähnliche hinzuzuerfinden.

Der Psalter in Cambridge, wohl am Anfang des 12. Jahrhunderts in Canterbury entstanden, stimmt im Grossen und Ganzen ebenfalls genau mit dem Utrechtpsalter, zeigt aber einzelne Abweichungen; so ist der Text zunächst in drei Versionen geschrieben statt der einen gallicanischen des Utrechtpsalters, ferner ist das Bild des ersten Psalmes beträchtlich verändert, die Figuren der ersten Bilder tragen zum Theil Schriftbänder für die Anbringung der betreffenden Verse und auch sonst bieten einzelne Zeichungen kleine Abweichungen. Auf den Londoner Psalter kann diese Copie nicht zurückgehen, da sie bis zum Schluss die Compositionen des Utrechtpsalters bringt, während diese in dem Londoner Exemplar nur bis Psalm 112 reichen.

Dieselben Abweichungen wie das Manuscript in Cambridge zeigt auch das in Paris, wohl aus dem Anfang des 13. Jahrhunderts, das nämliche von der Composition des Utrechtpsalters abweichende erste Bild, den Text in drei Versionen, die Schriftbänder und auch andere Uebereinstimmungen wie zum Beispiel im dritten Psalm. Dort fügen

beide Handschriften noch den am Baume hängenden Absalom zur
Composition des Bildes hinzu, mit Rücksicht auf die Ueberschrift des
Psalmes „cum fugeret a facie Absalom", während im Utrechtpsalter
selbst an dieser Stelle eine Lücke im Bilde zu empfinden ist. Der
Cambridger und der Pariser Psalter sind demnach in engerem Zu-
sammenhange zu einander und vermuthlich die Copie eines Exemplares,
welches den Utrechtpsalter mit einigen Aenderungen nachbildete und
verloren gegangen ist. Gegen die directe Ableitung des Pariser vom
Cambridger Exemplar sprechen Einzelheiten, deren Angabe hier zu
weit führen würde.

Das Pariser Exemplar des 13. Jahrhunderts (wohl eher französisch als englisch) zeichnet sich nun von den älteren Copien dadurch aus, dass es den Stil der Figuren des Utrechtpsalters gänzlich
abgeworfen hat. Aus den winzigen mit der Feder gezeichneten
Figuren sind viel grössere, fest umzogene, mit Deckfarbe reich colorierte Gestalten auf Goldgrund geworden, die im Stil den übrigen
Erzeugnissen der Periode ganz gleichstehen. Die einzelnen Gruppen
lockern sich voneinander und werden durch starke Terraingrenzen
oder durch Säulenstellungen getrennt, so dass sie allmählich den An-
schein einer Reihe zusammengestellter Einzelbilder erhalten. Die ursprüngliche Hand aber hat nur ungefähr das erste Drittel der sämmt-
lichen Bilder ausgeführt, für die der Raum im Text ausgespart war,
die Fortsetzung geschah erst durch einen italienischen Miniator des
reifen vierzehnten Jahrhunderts, der nicht mehr die alte Vorlage in
Händen hatte, aber im selben Sinne die folgenden Bilder hinzuerfand,
die neben der reinen Wortillustration häufiger zu biblischen Scenen
greifen, als es der Utrechtpsalter that.

Der Utrechtpsalter allein also mit seinen Nachbildungen zieht
sich über ein halbes Jahrtausend durch die Kunstübung des Abendlandes und zeigt, dass das Verständniss für seine Auffassung von
den Karolingern bis zum Beginn der italienischen Renaissance nicht
verloren war.

Daneben aber ist uns eine Reihe von Psalterien erhalten, die
unabhängig vom Utrechtpsalter nach demselben Prinzip illustrieren.
Die mir bekannten seien hier kurz angeführt:

> Amiens[1]), Stadtbibliothek Cod. 18 Saec. X, aus dem Kloster
> Corbie. Die Illustrationen bestehen in Initialen, die vor den

---

[1]) Auf die Psalterien von Amiens und Boulogne machte mich zuerst Herr
Dr. Clemen in Bonn aufmerksam und stellte mir auch bis zur eigenen Besichti-

meisten Psalmen aus wenigen Figuren zusammengesetzt sind. Zuweilen scheinen sie rein decorativer Natur zu sein, meist aber sind irgendwelche Beziehungen zu den Textworten ausfindig zu machen.

Boulogne, Stadtbibliothek Cod. 20, circa A°. 1000, geschrieben im Kloster St. Bertin. Bis Psalm 26 finden sich am Rande der Handschrift kleine Federzeichnungen, welche einzelne Textworte illustrieren z. B. Psalm 3 v. 6: „ego dormivi et soporatus sum, et exsurrexi quia Dominus suscepit me“. Die Zeichnung bringt einen Mann halbaufgerichtet im Bett, dem sich die Hand Gottes entgegenstreckt. Von Psalm 26 an hören die Randzeichnungen auf, und statt dessen sind verschiedene Initialen mit biblischen Scenen angefüllt, deren Beziehung zum Text aber nicht immer greifbar ist. Vielmehr tritt eine chronologische Reihenfolge der Scenen aus dem Leben Christi in den Vordergrund, die sich auf die wichtigsten Initialen vertheilen, nämlich auf die der Dreitheilung, der liturgischen Achttheilung und der hebräischen Fünftheilung. Die Handschrift bildet also einen Mischcodex, der seine Elemente verschiedenen Vorbildern entlehnt hat, von denen nur das erste für die Psalmen bis 26 vollständig zu unserer Gruppe gehört.

Rom. Vatican. Bibl. Cod. bibl. reg. 12. lat. Saec. XI. Aus dem Kloster Bury St. Edmund in Suffolk in England, für welches das Psalterium auch geschrieben ist. Betont ist die Dreitheilung, daneben aber schon Psalm 109 durch goldene Anfangsbuchstaben ausgezeichnet und auch der Anfang der hebräischen Bücher durch Beischrift angedeutet. Ferner ist Psalm 78 durch eine ornamentale Umrahmung des ganzen Blattes hervorgehoben, und man könnte fast annehmen, dass dieser Schmuck eigentlich dem Psalm 77 in Anlehnung an byzantinische Psalterien gelten sollte und nur durch ein Versehen um einen Psalm verschoben ist. Am Rande der meisten Psalmen sind wiederum kleine Federzeichnungen, oft in mehreren Farben, angebracht, welche die Worte einzelner Verse in Bilder übertragen.

Paris. Bibl. Nat. Lat. 8824. Psalter des Herzogs von Berri. Saec. XI, von einem Angelsachsen Vulfvinus geschrieben. Nur die ersten 7 Psalmen sind mit Randzeichnungen wie die vorigen versehen.

---

gung der Handschriften seine Notizen darüber zur Verfügung; meine Kenntniss der vaticanischen Handschrift aus Bury St. Edmund beruht allein auf den Angaben Clemen's, deren Benutzung er mir ebenfalls auf die freundlichste Weise gestattete.

Berlin. Kgl. Kupferstichkab. Hamilton 549. Saec. XII. Mit zahlreichen leicht in Farben angelegten Zeichnungen, die im Text
verstreut sind und gleich dem Stuttgarter Psalter die Verse
theils wörtlich theils durch biblische Scenen wiedergeben,
doch fast immer im Beisein König David's, der auf die
Bilder hinweist. Zahlreiche Beischriften erklären die Darstellungen. Die Eintheilung ist allein die römisch-liturgische,
was für die romanischen Länder spricht. Byzantinische Beziehungen sind darin erkennbar, dass vor Psalm 50 die
Sünde David's gegen Urias weitläufig in Bildern über fast
zwei Seiten ausgesponnen ist. Es war dies die Stelle, die in
byzantinischen Psalterien nächst Psalm 77 am meisten betont
und geschmückt wurde. Psalm 77 ist zwar in der Berliner
Handschrift nicht besonders ausgezeichnet, bringt aber als
Illustration wie üblich die Gesetzgebung Mosis. Auch eine
Ornamenttafel vor Psalm 50 entspricht ganz dem Character
byzantinischer Vorsatzstücke.

Hildesheim. Bibliothek von St. Godehard. Anfang des 12. Jahrh.
Englisch. Eintheilung die combinierte Zehntheilung. Die
Bilder sind in die Initialen eingefügt. Dieser Psalter wird in
den folgenden Capiteln eingehender behandelt werden.

Aus dieser weit ausgesponnenen Illustrationsweise, wie wir sie
in reicheren Psalterien besonders im 11. und 12. Jahrhundert nach-
weisen können, entwickelt sich auch das übliche Bilderschema der
meisten französischen Psalterien des 13. und 14. Jahrhunderts. Da
in Frankreich, Burgund und Italien auch in diesen Jahrhunderten
noch die liturgische Achttheilung die bei weitem vorherrschende war,
so knüpft sich das Schema hauptsächlich an diese Theilung. Die mit
geringen Abweichungen wiederkehrenden Bilder, die meist in den
Initialen angebracht wurden, sind:

Psalm 1. König David mit Psalter oder Harfe (zuweilen
sind seine Musiker noch hinzugefügt oder sein Kampf mit
Goliath).

Psalm 26. „Dominus illuminatio mea“: David ist kniend oder
stehend Christus oder der Hand Gottes zugewandt und zeigt
auf sein Auge. (Statt dessen tritt häufig die Salbung David's
zum König ein in Folge der Psalmüberschrift „priusquam
liniretur“).

Psalm 38. „Dixi: Custodiam vias meas, ut non delinquam in
lingua mea“: David allein oder vor Christus zeigt auf seine
Zunge oder Mund, weist manchmal auch, um „vias meas“
anzudeuten, auf die Erde oder geht mit einem Wanderstabe.

Psalm 52. „Dixit insipiens in corde suo: Non est deus": Ein
Narr, meist halbnackt, mit Keule in der Hand und in ein
Brot beissend, zuweilen mit David daneben.

Psalm 68. „Salvum me fac, Deus, quoniam intraverunt aquae
usque ad animam meam": David, nackt, bis zur Hüfte im
Wasser, erhebt seine Hände flehend zu Gott.

Psalm 80. „Exsultate Deo adjutori nostro": David spielt mit
Hämmern an einer Reihe Glocken.

Psalm 97. „Cantate Domino canticum novum": Mönche singen
vor einem Betpult.

Psalm 109. „Dixit Dominus Domino meo: Sede a dextris meis"
Christus thront zur Rechten Gott Vaters, meist schwebt über
Beiden die Taube des heiligen Geistes[1]).

Während in Frankreich also die reine Achttheilung bestehen
geblieben war, hatte sich, wie schon angedeutet, auf englischem und
deutschem Gebiet seit dem 12. Jahrhundert die Achttheilung zur
Dreitheilung hinzugesellt. Die Psalmen 51 und 101 blieben aber
gegenüber den Matutinanfängen immer noch die reicher geschmückten
Theilpunkte. Sie waren in der ursprünglichen irischen und angelsächsischen Heimath die Träger der Titelbilder mit David oder
Christus und Scenen aus ihrem Leben und Wirken gewesen, und
darin liegt wahrscheinlich der Keim dafür, dass sich die Entwickelung
englischer und vor Allem deutscher Psalterbilder mehr in historischen Scenen fortspinnt im Gegensatz zu den französischen Wortillustrationen.

---

[1]) Zu dieser Gruppe ohne jede Beimischung der Dreitheilung gehören
z. B. die Handschriften in Paris, Bibl. Nat. Lat. 1073 A u. Lat. 10489. — Brüssel,
Y 391, 401, 413, Biblia sacra Lat. 5. — London, Brit. Mus. Add. Ms. 17868, 30045,
Kleopatra B. XIV. — Padua, Bibl. Anton. Scaff. XII No. 252. — Neapel, Bibl., Ms.
I. B. 56. — Stuttgart, Oeffentl. Bibl. Biblia fol. 3 u. 6, quarto 8. — Nürnberg, Ger-
man. Mus. 4984a. etc. — Daran schliessen sich eine Menge ganz ähnlicher Handschriften, in denen sich einzelne Bilder in leichten Variationen abwandeln, wie vor

Ps. 26. Halbfigur Christi mit Schriftband: „Ego sum lux mundi" (Stuttgart
fol. 69). — Christus in der Mandorla mit Engeln und 7 Leuchtern
(Paris, Bibl. Nat. Lat. 238).

Ps. 38. David steht einem Teufel gegenüber und zeigt auf seinen Mund
(Paris, Bibl. Nat. Lat. nouv. acq. 1392).

Ps. 52. Der Narr reitet auf einem Steckenpferd (Brüssel A. A. 125).

Ps. 80. Ein Engel spielt Guitarre (Sigmaringen No. 60).

Ps. 109. Trinität (Gottvater mit Crucifix im Schooss, die Füsse auf zwei
Juden setzend) (München, Lat. 627).

Immer sind die Bilder aber in directer Beziehung zum Wortlaut des ersten
Verses.

Schon in der älteren Zeit trat vor die drei Theile statt einzelner Bilder zuweilen eine ganze Reihenfolge von Darstellungen aus dem Leben David's oder Christi. Als sich nun durch das Hinzutreten der liturgischen Achttheilung die Schmuckstellen beträchtlich häuften, wurde diese Bilderfolge auf die zahlreicheren Abschnitte vertheilt. Die meisten reicher ausgestatteten deutschen Psalterien des 12. bis 14. Jahrhunderts zeigen dementsprechend vor den einzelnen Abschnitten, sei es als Initiale, sei es als selbstständiges Bild, historische Scenen aus dem Leben Christi oder auch zuweilen aus dem alten Testament, und zwar hat man in den wenigsten Fällen danach zu suchen, eine bestimmte Beziehung zwischen dem Text des Psalmes und dem davorstehenden Bilde klarzulegen, sondern die beabsichtigte Gruppe von Darstellungen wurde in chronologischer Reihenfolge vor den einzelnen Abschnitten eingeschaltet[1]).

Daher kann man nicht wie in Frankreich ein Schema der üblichen Bilder aufstellen; dort gehörten sie ja unmittelbar zu dem betreffenden Psalm, hier aber wechseln sie fast in jeder Handschrift. Einmal wird die Jugend Christi, ein anderes Mal das Leiden Christi bevorzugt, und auch die Auswahl der Scenen schwankt beständig, ein drittes Mal wird die Geschichte David's, ein viertes Mal eine Reihe von Scenen aus den einzelnen Büchern des alten Testamentes gewählt. In wie losem Zusammenhang diese Bilder zu den Theilstellen stehen, sieht man aus dem Umstande, dass die Bilder vor Psalm 52 und 97 sehr häufig fortfallen um der gleichmässigen Schmuckvertheilung willen, denn Psalm 52 drängt sich zu nahe an Psalm 51, Psalm 97 an Psalm 101.

An die Stelle biblischer Scenen traten zuweilen auch einzelne

---

[1]) Besonders ausgeprägt ist diese Gattung in den Psalterien, die in Verwandtschaft mit denen des Hermann von Thüringen (Stuttgarter Kgl. Priv. Bibl.) und der Elisabeth (Cividale, Domarchiv Cod. III) stehen. In diesen beiden Handschriften selbst, die um 1200 entstanden sind, sucht diese einfach chronologische Vertheilung der biblischen Scenen auf die liturgischen Theilpunkte allerdings erst ihre Aufnahme, sie steht noch im Kampf mit der Anbringung von biblischen Scenen, die in näherer Beziehung zu dem betreffenden Psalminhalt stehen, befinden sich also etwas unter dem Einfluss der Richtung, wie sie in Frankreich herrschte. Ganz abgeschüttelt aber ist diese Verwandtschaft in den Psalterien in Berlin, Kupferstich Kab. Ham. 545, — Hamburg, Stadtbibl. No. 149 in scrinio, — Erlangen, Univ. Bibl. Ms. 590, — Nürnberg, Germ. Mus. 56632, — München, Staatsbibl. Cod. lat 3900 u. 23094, — Wien, Hofbibl. Cod. 1834, — Brüssel, Ms. 5074, — Paris, Bibl. Nat. Lat. 17961, sämmtlich aus dem 13. Jahrhundert.

Heilige, für deren Auswahl die Patrone des Ordens oder der Gegend maassgebend waren[1].

Aber auch das französische Schema fand Eingang im Norden Europas und in Deutchland, doch bekam es einen starken Beisatz aus dem historischen Element, welches hier herrschte. So treten in Psalm 26 „dominus illuminatio mea" Scenen ein wie die Bekehrung Saul's (Karlsruhe, Grosshzgl. Bibl. Pm. 73) oder Christus, der den Blinden heilt (Karlsruhe, Grosshzgl. Bibl. Lichtenthal 25), in Ps. 52 „dixit insipiens: non est Deus" Christus und der Versucher, (Venedig, Marciana Lat. I) in Ps. 68 fast immer Jonas, der vom Walfisch verschlungen wird. In den nichtfranzösischen Psalterien mussten aber auch Ps. 51 und 101 dazu passend illustriert werden, und so zeigt Ps. 51 „Quid gloriaris in malitia qui potens es in iniquitate": David, der mit dem Teufel oder mit einem Krieger, dem Vertreter der Macht des Bösen, spricht (London, Brit. Mus. Egerton 2652. — München, Staatsbibl. Cod. lat. 3900 etc.), oder den Sündenfall mit der Schlange (Karlsruhe, Grosshzgl. Bibl. Lichtenthal 25) oder David, Goliath tödtend (Brüssel Cod. 14682) oder die sehr beliebte Darstellung des heiligen Michael als Drachentödter (Karlsruhe, Grosshzgl. Bibl. Pm. 11a), während Psalm 101 „Domine exaudi orationem meam" oft David zeigt, der vor Gott im Gebet kniet, oft aber auch eine passende Stelle bietet, um den Stifter der Handschrift anzubringen, wie er zu Christus oder seinem Schutzheiligen um Erhörung fleht. (Venedig, Marciana Lat. I. — Karlsruhe, Grosshzgl. Bibl. Pm. 73 und 11a.)

Erwähnenswerth ist ein Würzburger Psalter (München, Staatsbibl. Cod. lat. 3900) aus dem 13. Jahrhundert, welcher vor jedem der 10 Theile ein Bild und eine figürliche Initiale besitzt; das Bild stellt nach deutschem Gebrauch die Scene aus einer Bilderfolge dar, die sich durch den Psalter hinzieht, und zwar in diesem Falle von der Kreuzigung Christi bis zum jüngsten Gericht, die Initiale dagegen giebt das Bild des französischen Schemas wieder.

Wir haben es versucht, einige Gruppen abendländischer Psalterien etwas schärfer zu sondern, die Grenzen jedoch verwischen sich. Wenn man bedenkt, wie in den Klöstern des Mittelalters Handschriften entstanden, ist dies nicht zu verwundern. Oft nahm man Vorbilder verschiedener Art und entlehnte ihnen gemeinsam die

---

[1] Dresden, Ms. Dresd. A 165 und A 313; München, Staatsbibl. Cod. lat. 15909 etc.

Elemente zum Schmuck einer neuen Handschrift, oder man nahm Altes und erfand Neues hinzu.

Die Spuren der Zusammensetzung sind zuweilen noch sichtbar. Der Psalter des Egbert von Trier in Cividale, der im 10. Jahrhundert vermuthlich im Kloster Reichenau geschrieben wurde, zeigt vor jedem Psalm eine reiche Initiale, doch trennen sich stilistisch und technisch deutlich zwei Gattungen; die eine ist deutsch und entspricht den frühottonischen Handschriften mit ihren unregelmässig verzweigten Knospenranken, die andere besteht aus sorgfältig ausgeführten Akanthusblättern, die nur auf antike Vorbilder, vermuthlich in fränkischer Umarbeitung, zurückgehen können. Die deutschen Initialen finden sich in der Majorität und zwar überall dort, wo die einheimische Theilung in 15 Theile von 10 Psalmen markiert ist, wie es in den Alpenklöstern Gebrauch war, die antikisierenden Initialen dagegen treten in der Handschrift zuerst vor Psalm 26 und 38 auf, also den ersten Psalmen, welche in den fränkischen Psalterien ausgezeichnet waren, obgleich diese Stellen in dem Cividale-Codex nicht betont sind. Man kann also auf eine französische Vorlage schliessen, welcher neben einheimischen die Initialornamentik entnommen ist.

Ebensolche Verschiedenheiten kann man in dem Psalterium Aureum in St. Gallen (Stiftsbibliothek Cod 22)[1]) beobachten. Diese im 9. Jahrhundert dort vollendete Handschrift zeigt ebenfalls Initialen verschiedenen Characters, und wiederum haben diejenigen vor der 15 Theilung mehr den Stil des flechtwerkartigen Rankenwerkes mit Knospen und pfeilartigen Blättern und die vor den liturgischen Abtheilungen die Verwendung des antikisierenden Akanthusblattes. Durch Benutzung solcher verschiedenartiger Vorlagen wurden dann auch die verschiedenen Eintheilungen combiniert, wie es eben hier bei dem Psalterium Aureum der Fall ist. In dieser Handschrift aber herrscht noch eine dritte Theilung vor. Die Initialen von Psalm 1, 41 und 72 überragen alle andern weit, nehmen eine ganze Seite ein und sind mit ornamentalem Rahmen versehen. Es sind dies aber die Anfänge der drei ersten Bücher der hebräischen Psaltereintheilung in fünf Bücher. Die hebräische Theilung ist hier also die hervorstechendste, und die Vermuthung wird nahegelegt, dass der Schreiber eine ausgeschmückte hebräische Psalterversion unter seinen Vorlagen hatte; bekräftigt wird dies durch die Thatsache, dass der einzige Schweizer Psaltercodex der hebräischen Version

---

¹) Vgl. die Publication von J. R. Rahn, Das Psalterium Aureum.

(St. Gallen, Stiftsbibl. No. 19) vom Abte Hartmuot von St. Gallen stammt, von demselben also, unter dem muthmasslich das Psalterium Aureum auch entstanden ist[1]).

Sollte der Schreiber des Psalterium Aureum nun auch dieser seltenen Psaltergattung vielleicht seine seltene Illustrationsweise entlehnt haben? Es handelt sich bei ihm weder um Wortillustrationen, noch um die übliche Gruppe von Titelbildern, noch um biblische Scenen, auf welche die einzelnen Verse gedeutet werden, sondern nur um die bildliche Wiedergabe der Psalmüberschriften. Sie geben die Gelegenheiten an, bei denen der betreffende Psalm verfasst wurde, also meist Begebenheiten aus dem Leben David's und Saul's. Die Bilder richten sich demgemäss auch in ihrer Vertheilung nach den Psalmen, welche eine historische Ueberschrift besitzen. Könnte nicht eine solche Darstellung der Psalmüberschriften, die gewöhnlich dem St. Gallener Schreiber als jugendfrische Erfindung zugeschrieben wird, eine der hebräischen Psalterversion in ihrer Frühzeit eigenthümliche gewesen sein? Die Illustration der alttestamentarischen Ereignisse, an welche sich die Psalmendichtung knüpfte, wäre für einen hebräischen Psalter die natürlichste, denn sie würde die alte historische Form repräsentieren.

Kehren wir jetzt wieder zu der reinen Wortillustration der Psalmen zurück! Die erhaltenen Handschriften haben uns gezeigt, dass die Tradition dieser Bildergattung durch das ganze Mittelalter lebendig blieb, dass uns die ersten abendländischen Vertreter unter den Karolingern begegnen, dass aus dem 11. und 12. Jahrhundert die meisten überlieferten Beispiele stammen und dass im 13. Jahrhundert in Frankreich eine Schematisierung gewisser Bilder stattfand, welche im Allgemeinen als das Ende des freien Schaltens mit dieser Art Illustrierung anzusehen ist.

Solche Darstellungen, welche Worte unmittelbar in Bilder umsetzten, mussten ihrer Natur gemäss die Phantasie viel stärker in Bewegung bringen, als in Bildern erzählte Historien, sie boten Anhalt für mönchische Grübeleien und geistreiche Deutungen.

---

[1]) Vgl. Scherrer, Catalog der Stiftsbibl. v. St. Gallen, S. 7. Es ist dies wohl das in dem alten Verzeichniss der Bücher, welche das Kloster dem Hartmuot verdankte (Pertz, SS. II S. 72), erwähnte „Psalterium de hebraico translatum". Mit drei andern Versionen zusammen findet sich die hebräische auch in dem 909 in St. Gallen geschriebenen grossen Psalterium in Bamberg (A. I. 14).

In unserer historisch denkenden Zeit nehmen wir die bildlichen Worte der Psalmen nicht mehr so naiv; aus den Illustrationen dieser Handschriften aber sehen wir, dass die Männer jener Jahrhunderte sich von dem sprachlichen Bild ein sinnliches Bild schufen von bedeutsamen Inhalt, den man durch Reflexionen herauszusuchen hatte. Beim täglichen Psalmengesang prägten sich ihnen diese Bilder ein, von der Palme, von den Pfeilen der Bösen, vom Sperling, der sich sein Nest baut, von dem Löwen, der auf Beute ausgeht, und vom Drachen, der zertreten wird. Sie bildeten eine Quelle der studia contemplativa, die zum grossen Theil darin bestanden, solchen sinnlichen Bildern eine spirituelle Auslegung zu geben. Eucherius, Bischof von Leyden († 450), ein wichtiger Schriftsteller für die Deutung von Psalmversen, sieht hinter den Worten einen versteckten Sinn und citiert als Beweis Psalm 77 v. 2 „Aperiam in parabolis os meum“. Zur Ergründung gehören nach ihm die studia contemplativa, die zum grossen Theil in der „spiritualis intelligentiae interpretatione“ bestehen[1]). Dieselbe „intelligentia spiritualis“ ist es aber auch, welche noch im 12. Jahrhundert der Schreiber und Zeichner eines Theiles des zuletzt angeführten Hildesheimer Psalters als dasjenige hinstellt, was seiner Zeichnung erst die richtige Bedeutung giebt. Eingehender wird dies bei der Besprechung der Bilder selbst gezeigt werden.

Es ist nicht zu verwundern, dass die oft gelesenen und hier und dort in der Zeichnung noch näher gebrachten Bilder, die der Kopf der Betenden beherbergte, bei künstlerischen Schöpfungen auch auf anderen Gebieten als der Handschriftenillustration zur Geltung kamen. Besonders geschah dies, als in der spätromanischen Kunst das Decorationsbedürfniss sich steigerte, also im 11. und 12. Jahrhundert, in einer Zeit, aus der uns auch die meisten der besprochenen Handschriften erhalten sind.

So drang diese Bildersprache, anknüpfend an die Psalmen und verwandte Bibelstellen, in den Schmuck der Kirchengeräthe ein und auf die Wände und Stützen der Architektur. Wiederum erscheint Frankreich als das Land der frühesten und stärksten Ausbildung, ihm folgen England und Deutschland und im Anschluss die übrigen nordischen Länder.

Auch orientalische Vorbilder wurden mit hineingezogen. Der Import byzantinischer Waaren und Kunstgegenstände war in jener

---

[1]) Migne, Patrologie Bd. L, S. 727.

Zeit ein grosser. Man übernahm von den Geweben die sich gegen-
überstehenden natürlichen und phantastischen Thiere mit einem Baum
in der Mitte[1]), die Adler und Löwen, von Emailschalen und Elfen-
beinkästen die Jagden, Bogenschützen, Kämpfe wilder Thiere und
Fabelwesen jeglicher Gestalt. Bei der Uebertragung dieser Motive
auf den Schmuck der christlichen Kirche suchte man unwillkürlich
auch hier nach einem tieferen Sinn, und da begegneten sich die Darstellungen mit denen in den Psalterien. In der bilderreichen orientalischen Sprache des Psalters fanden sich die Parallelen zu den
Schöpfungen des Orients, man konnte Worte der Psalmen auf die
orientalischen Motive anwenden, der Schein des Heidnischen war
ihnen dadurch genommen und ihrer Verbreitung in endloser Wieder-
holung, Abwandlung und Zusammensetzung kein Hinderniss gesetzt.

Das Spiel der Phantasie durchbrach leicht eine strenge Symbolik; aus reiner Freude an der Form copierte man einzelne Gestalten
und combinierte neue Wunderdinge. Hinter jeder figürlichen, nicht
rein historischen Kirchensculptur des 12. Jahrhunderts einen Psalmen-
vers oder eine Bibelstelle zu suchen, wäre grundverkehrt, unrichtig
aber auch, zu glauben, dass all diese phantastischen Kämpfe, dieses
Rankenwerk mit Thieren und Menschen den Geistlichen jener Zeit
ein blosses nichtssagendes Ornament waren.

Zur Erklärung der symbolischen Kirchensculptur des
11. und 12. Jahrhunderts müssen demnach die Psalterillustrationen von wesentlicher Bedeutung sein. Um dies zu erörtern,
bildet der Hildesheimer Psalter ein geeignetes Object, weil er
aus derselben Zeit stammt wie die meisten solcher Sculpturen, dem
12. Jahrhundert, weil die Darstellungen verhältnissmässig einfach und
klar für sich abgeschlossen sind, und weil endlich die illustrierten
Psalmverse stets danebengeschrieben stehen.

---

[1]) Vgl. Anton Springer, Ikonographische Studien in den Mitth. der Oesterr.
Central Comm. 1860. Bd. V, S. 67.

Inhalt und Entstehung der Handschrift.

Der in Hildesheim im Besitz der St. Godehardskirche be-
findliche illustrierte Psalter[1]) des 12. Jahrhunderts hat bereits einmal
eine wissenschaftliche Ausbeute geliefert, da er auf einigen Blättern
ein altfranzösisches Alexislied enthält[2]); im Uebrigen aber fand er in
weiteren Kreisen wenig Beachtung, obgleich er eine ganz über-
raschend grosse Fülle von bildlichem Schmuck aufweist; er besitzt
nicht weniger als 45 Bilder, welche fast die ganze Blattgrösse ein-
nehmen, und 209 Initialen, sämmtlich mit figürlichen Darstellungen.

Der französische Text des Alexisliedes weist auf Nordfrankreich
oder England, die Handschrift auf das 12. Jahrhundert.

Der Codex (moderner Pappband) besteht aus 209 dicken Perga-
mentblättern von 19 cm Breite, 27½ cm Höhe:

> fol. 1a Aufschrift des 17. oder 18. Jahrhunderts „Liber Monast.
> Lamspring. O. S. B. Cong. Angl.", und in der Ecke oben die
> entsprechende Bibliotheksnummer 2657. Die Handschrift
> stammt also aus dem Benedictinerkloster Lamspringe, 2 Meilen
> westlich von Goslar, welches 1521 als Nonnenkloster aufgehoben
> und 1643 vom Erzbischof von Köln und Administrator von
> Hildesheim mit englischen Benedictinern besetzt worden war[3]).

[1]) Den Herren Pastoren zu St. Godehard möchte ich an dieser Stelle meinen
Dank aussprechen für die grosse Bereitwilligkeit, mit welcher sie mir die Handschrift jederzeit zum Studium zur Verfügung stellten.

[2]) Der Druck des Textes mit einigen wenigen Notizen über die Handschrift geschah zuerst durch Wilhelm Müller in Haupt's Zeitschrift Bd V, S. 299.
Neuerdings ist auch bei dem Photographen F. H. Bödeker in Hildesheim eine
Facsimile-Ausgabe der 6 Blätter, welche das Lied enthalten, in Lichtdruck er-
schienen.

[3]) Vgl. Caspar Calvör, Saxonia inferior. Goslar 1714. S. 326.

In Bezug auf die Herkunft der Handschrift rückt demnach England in den Vordergrund.

fol. 1b Tabelle der Regulares feriales, Epakten etc.

fol. 2a—7b Kalender, jeder Monat mit Monats- und Thierkreisbild (vgl. Anhang III) (Taf. IV).

fol. 8a Tabelle der Ostergrenzen.

fol. 8b leer.

(Schluss der ersten Lage.)

fol. 9a—28b (Lage 2—4) 40 ganzseitige Bilder (14 × 18½ cm) mit dem Sündenfall, der Vertreibung aus dem Paradies, der Evangeliengeschichte, in welcher gegen Schluss die Manteltheilung und der Traum des hl. Martinus eingeschaltet sind, und der musicierende David. (Ausführlicheres im Anhang II) (Taf. V).

fol. 29a—34b Alexislied, französisch; oben auf der ersten Seite Bild mit Alexis Verlobung, Abschied und Besteigung des Schiffes.

fol. 34b Stück eines Briefes des hl. Gregorius über die Malerei, lateinisch; darauf folgend dasselbe in französischer Uebersetzung.

fol. 35a Ganzseitiges Bild (14 × 20½ cm): Begegnung Christi mit den Jüngern zu Emmaus. (Taf. VI.)

fol. 35b do Mahl zu Emmaus.

fol. 36a do Verschwinden Christi in Emmaus.

fol. 36b Grosse Initiale „Beatus vir" (Taf. II.)

(Schluss von Lage 5.)

fol. 37a Ornamentale Seite mit den Anfangsworten von Psalm 1.

fol. 37b—186b Psalmen mit figürlichen Initialen (Taf. I).

fol. 186b—207b Cantica, Oratio dominica, Symbolum Apostolorum, Hymnus angelicus, Credo, Fides catholica, Litanei etc. mit figürlichen Initialen.

fol. 208a leer.

fol. 208b Ganzseitiges Bild: Martyrium des heiligen Albanus. (Taf. VII.)

fol. 209a do König David inmitten von sechs Musikern. (Taf. VIII.)

fol. 209b leer.

Dieser Inhalt zerfällt in zwei Gruppen. Schrift und Bilder vertheilen sich auf zwei Hände: Der einen gehört der Kalender mit seinem Schmuck, der Psalter mit den Initialen sowie alles Folgende nebst den letzten beiden ganzseitigen Bildern an (also Taf. I, IV, VII u. VIII), der andern die 40 Darstellungen aus der Geschichte Christi, das Alexislied mit seinem Anfangsbild, die auf derselben Lage

befindlichen drei Emmausbilder und die erste Initiale des Psalters B
(also Taf. II, V u. VI)[1]).

Trotz durchgehender Abweichungen zwischen beiden Schreibern
oder Zeichnern stehen sich dieselben doch so nahe und haben so viel
Gemeinsames in der Handschrift und in Auffassung und Form der
Darstellungen, dass wir in ihnen nur zwei derselben Zeit und demselben Wirkungskreis entstammende Persönlichkeiten suchen können,
zwei, die entweder gleichzeitig in derselben Schreibschule arbeiteten
oder zwei, die im Verhältniss von Lehrer und Schüler zu einander
standen. In beiden Fällen ist kein Grund vorhanden, die Person
des Schreibers und Malers zu trennen, am wenigsten im Psalter, wo
Schrift und Bild in die engste Beziehung zu einander treten.

Dass Psalter und Kalendarium derselben Hand angehören, ist
nicht zu verwundern, da es etwas sehr Gewöhnliches war, den Psalter
mit einem Kalender zu versehen, und wir haben daher zunächst in
diesem letzteren nach näherer Auskunft über die Entstehung der
Handschrift zu suchen.

Unter den angeführten Heiligen herrschen englische und nor-
mannische bedeutend vor, wie St. Albanus, St. Guthlacus, St. Dunstan,
St. Oswin, St. Oswald, St. Aedmund, Sta. Aetheldritha, Sta. Frithes-
witha, St. Wandregisilus, St. Andoenus, Sta. Amalberga. Besonders
hervorgehoben sind St. Benedictus, dessen Festtag, Translatio und
Tumulatio angegeben sind, ferner St. Martinus mit Festtag und
Translatio und St. Albanus mit Festtag und Inventio. Es ist daher
an ein Benedictinerkloster St. Martini oder St. Albani zu denken.

Im Kalender sind nun ausser der Handschrift des ursprünglichen Schreibers noch drei weitere zu beobachten, welche Zusätze
zu einigen Monatsdaten geben. Die häufigste dieser drei hat ungefähr 20 neue Festtage von Heiligen hinzugeschrieben und ausserdem
eine Reihe von Todesdaten von Personen, die den Besitzern des
Buches von Interesse waren.

Diese sind:

1. Gaufridus abbas ecclesie sancti Albani . . . † 25. Febr.
2. Robertus monachus . . . . · 19. Janr.
3. Alveredus monachus . . . . · 4. Juni.
4. Thomas monachus . . . . · 2. Oct.
5. Ricardus monachus . . . . · 6. Oct.

---

[1]) Die beiden Handschriften sind hauptsächlich in der Schreibung des a
und des Zeichens für et von einander zu unterscheiden, die Verschiedenheit der
Bilder wird im folgenden Kapitel erörtert werden.

6. Azo heremita . . . . † 31. März.
7. Ailwardus heremita . . . . - 28. Juli.
8. Ailwinus canonicus . . . . - 13. Sept.
9. Godwinus . . . . - 5. Sept.

Ferner von weiblichen Personen:

10. Cristina prima priorissa de bosco . . . . . . - 8. Dec.

nebst ihrer Familie:

11. Auti pater dominae Cristinae . . . . - 11. Janr.
12. Beatrix mater dominae Cristinae . . . . . . - 7. Juni.
13. Gregorius monachus frater dominae Cristinae - 12. Febr.
14. Symon frater dominae Cristinae . . . . . . - 2. Nov.
15. Avicia priorissa de sop.(wella) . . . . - 20. März.
16. Adelaisa monialis . . . . - 11. Febr.
17. Matildis monialis de Marzellis . . . . - 12. Juli.
18. Ailiva mater Mich(aelis) . . . . - 28. Janr.

Zunächst haben wir an dem Abte Gaufridus einen Anhalt. In dem grossen englischen Benedictinerkloster des heiligen Albanus in der Nähe von London finden wir im 12. Jahrhundert einen Abt Gaufridus, welcher nach der Angabe des Matthäus Paris in seinen „Gesta Abbatum" am 25. Februar 1146 starb[1]); zweifelsohne ist also dieser Abt in der Eintragung unter dem 25. Februar gemeint. Da es der einzige im Kalender angeführte Abt ist, so wird sich die Handschrift in seinem Kloster befunden haben.

Der Psalter ist aber nicht nur im Besitz des Klosters St. Albani gewesen, sondern ist offenbar auch für dasselbe geschrieben worden, denn ausser der vorher erwähnten Bevorzugung dieses Heiligen im Kalender selbst ist seine Stellung in der Litanei auch die erste direct nach dem Protomartyr St. Stephanus, wo ausserdem sein Name unter allen Heiligen der einzige ist, welcher mit einer II versehen ist. Auch stellt das Bild am Schluss der Handschrift den Tod St. Albani dar und zeigt deutlich, wie der Erzählung Beda's gemäss der Henker erblindet, als er dem Heiligen das Haupt abschlägt: ein Blutstrahl entspringt seinem geschlossenen Auge (vergl. Taf. VII).

Noch weitere Bestätigung bietet ein Psalter des 13. Jahrhunderts im Brit. Museum (2 B VI), welcher laut Inschrift aus demselben Kloster stammt und in gleicher Weise die II beim Namen des Heiligen in der Litanei und auch dieselben Monatsverse im Kalender aufweist.

---

[1]) Gesta Abbatum Monasterii St. Albani, ed. Thomas Riley i. Rerum Britannicarum Scriptores, Bd. I, S. 96.

Daraus, dass die Eintragung des Todesjahres des Abtes nicht dem ursprünglichen Schreiber angehört, geht hervor, dass die Vollendung des Codex vor den Tod Gaufrid's, also vor das Jahr 1146 fällt; danach aber, dass der Tod seines Vorgängers Ricardus 1119 nicht angeführt ist, kann man annehmen, dass die Handschrift unter diesem noch nicht entstanden war. Wir haben also die Grenzjahre 1119—1146.

Nächst dem Abt nimmt im Kalender die „Cristina prima priorissa de bosco" eine bedeutende Stellung ein. Da sie selbst, ihr Vater, ihre Mutter und zwei Brüder aufgezeichnet sind, darf man auf ihre nahe Beziehung zum Kloster schliessen. Sie war, wie wir aus den „Gesta Abbatum" erfahren[1]), eine fromme Einsiedlerin an der Strasse von St. Alban nach Dunstable dicht bei dem Dorfe Merkyate oder Markgate und lebte dort unter der strengen Zucht eines Einsiedlers Roger. Der Abt Gaufrid wurde durch mehrfache Wunder zur grössten Ehrfurcht vor ihr veranlasst, in Zweifeln wandte er sich an sie um Rath und betrachtete ihre Aussprüche als göttliches Orakel. Er erbaute für sie bei Merkyate eine Nonnenzelle und versah dieselbe reichlich mit Einkünften. Da die Gebäude einen Brand erlitten, wurden sie auf Klosterkosten wieder hergestellt, und zweimal baute der Abt von Grund auf die dazu gehörige Kirche, welche den Titel „Sanctae Trinitatis de Bosco" führte. Die Chronik berichtet ausführlich, welch bedeutende Rolle Christina im Leben Gaufrid's spielte, und es ist daher nicht zu verwundern, dass sie im Kalender unter den Personen aus der Zeit dieses Abtes eine so hervorragende Stellung einnimmt.

Unter den angeführten Namen steht ferner Avicia priorissa de sop'. Dieses sop' ist unbedingt eine Abkürzung für Sopwella, denn in dem Leben des Abtes Gaufrid berichten die „Gesta Abbatum"[2]), dass sich um 1140 in dem nahen Walde Eiwoda zwei fromme Einsiedlerinnen befanden, denen Gaufrid eine Zelle bauen liess mit mehreren Wohnräumen, ihnen Besitz und Einkünfte gab, sie zur Aufnahme mehrerer Jungfrauen berechtigte und die Stiftung nach der Regel des heil. Benedictus organisierte. Die Zelle bekam dann von der dortigen Quelle den Namen „Sopwella". Wir haben also in der Avicia eine Priorin, wahrscheinlich die erste dieses Instituts zu erblicken, deren Tod gleichzeitig mit dem des Abtes im Kalender eingetragen wurde.

---

[1]) ebendas. I, S. 98 ff.
[2]) ebendas. I, S. 80, 82, 95.

Die Nonnen Adelaisa und Matildis werden dementsprechend entweder Schwestern aus der Zelle von Merkyate oder der von Sopwella sein.

Von den erwähnten Mönchen entsprechen dann wohl auch Robertus, Alveredus und Ricardus den gleichnamigen aus der Zeit des Gaufrid in den „Gesta Abbatum", nämlich dem Robertus, Decan des Klosters St. Albani[1]), dem Alveredus, einem sehr angesehenen Mönche des Klosters, welcher in einem der Wunder zwischen Gaufrid und Cristina eine Rolle spielt[2]), und dem Ricardus, welcher schon unter dem vorhergehenden Abte Ricardus (1097—1119) als Zeuge der Dedication einer Capelle genannt wird[3]). Auch der Laie Godwinus wird bei einer ähnlichen Capellenweihe unter demselben Abte als Zeuge aufgeführt[4]).

Endlich wird der Cantor Michael mehrfach in gleicher Beziehung genannt, sowohl unter dem Abt Richard als auch unter Gaufrid[5]). Als seine Mutter ist wohl die im Kalender eingeschriebene „Ailiva mater Michaelis" anzusehen, da wir von einem anderen Michael aus dieser Zeit im Zusammenhang mit dem Kloster nichts erfahren. Dies lässt darauf schliessen, dass bei den Eintragungen der Cantor Michael selbst noch am Leben war, da sich sein Name noch nicht im Kalender befindet; ja, noch mehr, dass er es selbst war, welcher den Todestag seiner Mutter zugleich mit dem des Abtes und denen der ihm nahe gestandenen Mönche und der andern aufgeführten Personen in den Kalender eingetragen hat, besonders da er als Cantor am häufigsten den Psalter in Händen hatte. Ein Anderer als der Sohn selbst hätte sich wohl auch kaum veranlasst gefühlt, eine Frau in das Buch einzutragen, die weder zum Kloster noch zum Abte directe Beziehungen hatte. Es ist dies eine wohl berechtigte Annahme, und wir wollen daher diese Zusätze diejenigen des Cantors Michael nennen.

Dieselben sind ebenso wie die ursprüngliche Handschrift abwechselnd schwarz, roth und grün, unterscheiden sich aber von dieser dadurch, dass die Buchstaben enger, meist auch etwas höher sind, ferner nach links geneigt, während die eigentliche Schrift des Kalenders eher etwas nach rechts hinüberfällt. Sie sind unsicherer und unregelmässiger, die Farbe der Tinte beim Schwarz heller, beim

---

[1]) ebendas. I, S. 82.
[2]) ebendas. I, S. 101.
[3]) ebendas I, S. 148.
[4]) ebendas. I, S. 148.
[5]) ebendas. I, S. 82, 147.

Grün ausserdem gelblicher und auf dem Pergament etwas auslaufend. Auch in der Form weicht besonders deutlich das a und das Zeichen für et von der früheren Handschrift ab. Endlich ist bei dem Sanctus vor den hinzugefügten Heiligennamen das S mit den folgenden Buchstaben dicht zusammengerückt, während es in der ursprünglichen Kalenderschrift durch einen beträchtlichen Zwischenraum getrennt ist.

Von diesen beiden Handschriften ist nun eine dritte zu unterscheiden, welche unter dem 12. September eine Eintragung gemacht hat: „O[bitus] Rogeri heremitae monaci sancti albani. apud quemcunque fuerit hoc psalterium fiat ejus memoria maxime hac die." Dieser Zusatz muss älter sein als diejenigen des Cantors Michael, denn monaci ist nur mit einem c geschrieben, während Michael stets „monachus" schreibt und demgemäss mit seiner ganz characteristischen grünen Tinte das vor ihm eingeschriebene „monaci" dieses Satzes durch ein über das c gesetztes h seiner eigenen Schreibweise entsprechend corrigiert hat (Taf. IV).

Ferner liefert diese Zuschrift einen weiteren Beweis, dass der Kalender unmittelbar zum Psalter gehörte, was uns auch schon die Uebereinstimmung der Handschrift verrieth.

Drittens ist es sehr wahrscheinlich, dass wir in dem genannten Roger den Schreiber des Psalters zu erblicken haben. Nicht einfach, wie bei den Uebrigen, wird der Tod des Eremiten Roger, Mönches St. Albani eingetragen, sondern ausführlich beigefügt, dass Jeder, in dessen Händen dieser Psalter sein wird, an diesem Tage seiner besonders gedenke. Es war die einzige Eintragung, die im Kalender geschah, bevor die zahlreichen Namen vom Cantor Michael eingeschrieben wurden, und die Annahme liegt sehr nahe, dass ein in dieser Form gefordertes Andenken dem Schreiber gilt, noch mehr, wenn wir sehen, von wem die Eintragung herrührt: es ist die Handschrift seines Collegen, des Schreibers des beigefügten Alexisliedes.

Der Eremit Roger aber ist uns genauer aus den Geschichtsquellen des Klosters bekannt. Die „Gesta Abbatum" berichten über ihn: „Hujus Abbatis (Gaufridi) tempore floruit Rogerus, monachus hujus ecclesiae, gradu Levita, devotione heremita, sanctitatis speculum, maturitatis exemplum, par habitus, antiquis patribus meruit comparari. Qui noster quidem fuit monachus, sed vivebat in heremio, obedientiam servans Abbati suo[1]." Schon unter dem vorhergehenden Abte

---

[1] ebendas. I, S. 97.

Richard (1097—1119) war er zum Grade eines Subdiaconus aufge-
stiegen[1]). Er hatte seine Klause in der Nähe von Merkyate und ist
eben derjenige Eremit Roger, welcher die vorher erwähnte Cristina
in einer der seinigen benachbarten Klause einschloss, sie in ihrem
gottesfürchtigen Leben leitete und unterrichtete und ihr nach seinem
Tode seine Eremitage hinterliess. Der Platz, auf dem er dieselbe
errichtet hatte, sollte ihm durch wunderbare Weise angewiesen
worden sein, als er von einer Pilgerfahrt nach Jerusalem zurück-
kehrte. Er war berühmt durch seinen prophetischen Geist und galt
als ein Meister in beschaulichen Betrachtungen („in contemplativis
egregius habebatur[2])“). Er starb eher als der Abt Gaufrid, und daher ist auch sein Tod früher eingetragen, als der des letzteren. Der
Körper Roger's wurde nach dem Kloster gebracht und dort im Süd-
schiff der Kirche beigesetzt, wo noch jetzt die Stelle durch einen
Bogen in der Mauer gekennzeichnet ist[3]). Eine genauere Betrachtung der Bilder zeigt nun, dass Roger das Psalterium nicht für das
Hauptkloster St. Albani geschrieben hat, sondern für die abhängige
Zelle der Christina, der er beim Tode ja auch seine Klause hinterliess. Das Bild am Anfang der Litanei stellt nämlich keine betenden Mönche, sondern Nonnen dar. Von der Christina mag es dann
dem Hauptkloster übergeben worden sein.

Endlich bemerkt man im Kalender noch zwei Zusätze einer
vierten Hand, am 27. Mai: „Dedicatio ecclesie sce trinitatis“ und am
20. Juli: „Sce margarite virginis“. Die Schrift, etwas nach links
geneigt, ist grösser und eckiger als die übrigen, auch die Farbe der
Tinte verschieden. „Margarite“ beginnt mit einer Minuskel, während
die Eigennamen sonst stets mit einer Majuskel anfangen. Auch
haben die Abkürzungszeichen über sce eine andere Form als bei den
bisherigen Handschriften. Schon wegen der nachlässigeren Schrift
dieser beiden Stellen, und weil sie sich am wenigsten der ursprünglichen Schreibart anpassen, können wir sie als die jüngsten ansetzen.
Unter der „ecclesia Sanctae Trinitatis“ ist zweifellos die schon vorher
erwähnte Kirche St. Trinitatis de Bosco bei Merkyate verstanden,
welche Abt Gaufrid für Christina und ihre Nonnen zum zweiten
Mal nach einem Brande neu aufbauen liess. Eine Weihe der Kirche
fand aber schon im Jahre 1145 durch den Bischof von Lincoln

---

[1]) ebendas. I, S. 148.
[2]) ebendas. I, S. 97.
[3]) ebendas. I, S. 101.

Alexander statt[1]), und diejenige, auf welche hin die obige Eintragung geschah, bezieht sich vielleicht auf einen andern später
vollendeten Bau. Ein solches Ereigniss können wir am ersten unter
dem Abte Robert (1151—1166) suchen, welcher als zweiter Nach-
folger und Verwandter Gaufrid's den Nonnen St. Trinitatis de Bosco
zahlreiche Einkünfte abtrat. Er ist der Einzige, welcher in einem
späteren Prozess des 14. Jahrhunderts als Abt angeführt wird, der
jener Kirche grosse Concessionen machte[2]), und so ist es leicht
denkbar, dass er auch die Kirche fertig oder neugebaut hat.

Ferner berichten die „Gesta Abbatum", dass um das Jahr 1154
dieser selbe Abt Robert sich einschiffte, um eine Reise nach Rom
zu machen. Ein gewaltiger Sturm überfiel ihn, und er gelobte der
hg. Margaretha, zu der er besonders gebetet hatte, nach seiner Rettung ihren Namen in höheren Ehren zu halten „quod in Ecclesia
nomen ejus in Litania poneretur propensius honorandum[3])". Da ist
es natürlich, dass ihr Name ebenfalls in den Kalender des Psalters,
wo er noch fehlte, eingeschrieben wurde, und so können wir ungefähr das Jahr 1155 für diese beiden derselben Hand entstammenden
Eintragungen annehmen.

Mit Rücksicht nun auf die reiche künstlerische Ausstattung der
Handschrift können wir sie mit einem gewissen Recht als dasjenige
Psalterium betrachten, welches die „Gesta Abbatum" als „unum Psalterium pretiosum totum similiter auro illuminatum (das „similiter"
bezieht sich auf das vorhergenannte Buch „totum auro incompara-
biliter illuminatum et aperte et legibiliter scriptum") in der Reihe
der unter Gaufrid hergestellten Bücher anführen[4]).

Dem Schreiber des Psalters steht nun derjenige des Alexisliedes, wie schon erwähnt, in Schrift und bildlichen Darstellungen
so nahe, dass wir ihn als Zeitgenossen annehmen müssen. Einen
Anhalt für die Niederschrift des Alexisliedes kann uns ein äusseres
Ereigniss im Kloster St. Albani geben. Die „Gesta Abbatum" bringen
die Notiz: „Ranulphus Episcopus Dunelmensis (1099—1128) dedi-
cavit Capellam Ricardi Abbatis (1097—1119) in honorem sancti
Alexii[5])." Eine Kapelle des Vorgängers Gaufrids wurde also dem
hg. Alexis geweiht. Daraus geht hervor, dass aus irgend einem

---

[1]) Dugdale, Monasticon Anglicanum III, S. 372.
[2]) Gesta Abbatum III, S. 87 ff.
[3]) Gesta Abbatum I, S. 126.
[4]) Gesta Abbatum I, S. 184.
[5]) Gesta Abbatum I, S. 148.

Grunde beim Abte selbst oder beim Kloster in diesem Zeitpunkte das Interesse für St. Alexis rege war, zugleich ein Grund, dass man auf den Gedanken kam, die Legende des Heiligen niederzuschreiben. Dies mag nun gleichzeitig mit der Kapellenstiftung, die vermuthlich zwischen 1115 und 1119 stattfand, geschehen sein oder kurz vor oder nachher, jedenfalls ist anzunehmen, dass derselbe Schreiber noch während Gaufrid's Regierung, die 1119 beginnt, thätig war, und völlig zulässig, dass er den Schreiber des Psalters auch noch überlebte.

Es lässt sich demgemäss die Entstehungsgeschichte dieser Doppelhandschrift ziemlich klar durchschauen; auch einige Unregel-mässigkeiten am Beginn des Psalters, die zuerst auffallend erscheinen, finden dabei ihre Erklärung.

Der erste Schreiber, also vermuthlich der Mönch Roger, schrieb unter dem Abte Gaufrid Kalender und Psalter, liess aber bei jenem die letzte Seite für die grosse Initiale B einstweilen frei und ebenso hier die erste für einen ornamentalen Psalmanfang, der die Worte umfassen sollte bis „cathe" — und begann die zweite Seite mit der Silbe „dra". Dann ging er daran, zunächst diese für die ersten Worte freigelassene Seite mit grossen durch Schnörkel verzierten Buchstaben auszufüllen. Hierbei hatte er sich aber im Platz ver-rechnet, und trotzdem er die Buchstaben der letzten Silbe unten auf der Seite eng aneinander drängte, fand er für das e in cathedra keinen Platz mehr. Er machte sich auch daran, diese mit der Feder vorgezeichneten Buchstaben mit Farben anzulegen; nachdem er sie aber nur theilweise ausgeführt hatte, wurde er, vermuthlich durch den Tod, von seiner Arbeit abgerufen. Es fehlte also zur Vollen-dung noch die Ausstattung dieser bereits gezeichneten Buchstaben und noch vollständig die grosse Initiale B, welche auf die letzte Seite des Kalenders kommen sollte.

So gelangte das hinterlassene Manuscript in die Hände eines andern Schreibers, der vermuthlich früher schon das Alexislied nieder-geschrieben hatte und nun seinen wenigen Blättern durch Einfügung in das grosse Manuscript einen beachteteren Platz zu verschaffen suchte. Dafür spricht auch, dass der Rand des Liedes etwas be-schnitten ist. Zunächst trug er im Kalender den Todestag Roger's ein und ging dann an die Vollendung der Handschrift. Es genügte ihm jedoch nicht, das wenige Fehlende zur Vervollständigung hinzu-zufügen, sondern er wollte, wie es sehr häufig geschah, die ganze Erlösungsgeschichte in Bildern vorausschicken. So schuf er die

3*

40 Bilder, welche dem Kalender direct folgen, mit dem Sündenfall beginnen und mit der Ausgiessung des heiligen Geistes schliessen, worauf dann noch als letztes Bild im Hinweis auf den Psalter der König David folgt. Er sitzt auf seinem Thron und spielt die Cither, der heilige Geist in Gestalt eines Vogels inspiriert ihn durch das Ohr, und unten wenden ihm zur Rechten ein Bock, zur Linken ein Lamm ihren Kopf zu und erheben die Vorderpfote wie im Gang. Es ist dies eine Auspielung auf den Gegensatz der Guten und Bösen im ersten Psalm und entnommen der Schilderung des jüngsten Gerichts bei Matthäus (Cap. XXV), wo es heisst: „et statuet oves quidem a dextris suis, hoedos autem a sinistris" (v. 33). Allerdings hat der Zeichner die Seiten verwechselt, oder sie vom Beschauer aus gerechnet. Die 37. Darstellung bildet ein Doppelbild, welches den heiligen Martinus darstellt; unten zu Pferde, wie er seinen Mantel mit dem Armen theilt, oben schlafend, wie ihm Christus, mit dem Mantel bekleidet, im Traum erscheint. Ob Martinus hier als ein Hauptheiliger der Benedictiner oder aus persönlichen Rücksichten dargestellt wurde, ist nicht zu bestimmen.

Nach diesen Bildern brachte der Maler sein Alexislied an. Dasselbe war am Anfange ebenfalls mit einem Bild geschmückt, welches deutlich dieselbe Hand wie die 40 andern zeigt. In der Pergamentlage des Alexisliedes, wie der Schreiber es in Händen hatte, waren aber noch die letzten vier Seiten ganz frei und die fünftletzte enthielt nur 6 Reihen oben, so dass der grösste Theil noch offen blieb. Diese Menge freien Raumes zwischen dem Schluss des Liedes und dem Beginn des Psalters musste auf irgend eine Weise ausgefüllt werden, und so brachte der Schreiber zunächst auf dem freien Theil der letzten Textseite des Liedes (Fol. 34b) ein Citat aus einem Brief des heiligen Gregor an, durch welches er seine Bilderliebe und den reichen Schmuck, mit welchem er die Handschrift ausgestattet, rechtfertigen wollte[1]).

---

[1]) Die Worte sind überschrieben: „Ecce responsum sancti Gregorii Secundino incluso rationem de picturis interroganti" und lauten: „Aliud est picturam adorare, aliud per picturae historiam quid sit adorandum addiscere. Nam quod legentibus scriptura, hoc ignotis praestat pictura, quia in ipsa ignorantes vident quid sequi debeant. In ipsa legunt qui litteras nesciunt. Unde et praecipue gentibus pro lectione pictura est. Quod magnopere tu qui inter gentes habitas adtendere debueras, ne dum recto zelo incaute succenderis, ferocibus animis scandalum generares. Frangi ergo non debuit quod non ad adorandum in ecclesiis sed ad instruendas solummodo mentes nescientium constat collocatum et quia in locis venerabilibus sanctorum depingi historias non sine ratione

Von den weiteren vier leeren Seiten musste die letzte zur Anbringung des noch immer fehlenden ersten B des Psalters dienen, da
die ursprünglich dafür bestimmte letzte Seite des Kalenders jetzt durch
die Bilder und das Alexislied davon getrennt war und in Folge dessen
leer blieb. Auf den vorhergehenden drei Seiten aber malte der
Schreiber als Ergänzung zu seiner grossen Bilderfolge die drei Darstellungen von der Begegnung der beiden Jünger mit Jesus in Emmaus und schrieb dabei einen kurzen Auszug aus dem Lucasevange-
lium Cap. XXIV v. 13—29 als Erklärung, fügte auch ferner auf den
freien Rändern der dritten und vierten Seite eine Deutung des Bilder-
schmucks der Initiale B bei, die von grossem Interesse ist. Neben
das reichgeschmückte B setzte er, wohl aus Unachtsamkeit, noch die
übrigen Buchstaben der beiden ersten Worte „Beatus vir", so dass
dieselben sich auf der nächsten mit „eatus vir" beginnenden Seite
des ersten Schreibers noch einmal wiederholen. Die vom ersten
Schreiber halb vollendeten Buchstaben dieser Seite liess er in dem
unfertigen Zustand. Endlich malte er noch eine Initiale zum Psalm
105, wo dieselbe aus einem unbekannten Grund noch fehlte, klebte
sie auf die betreffende leere Stelle und schrieb daneben den Vers:
„parce tuis queso monachis clementia ihesu". Damit war die Handschrift vollendet.

Als Gaufried starb, trug der damalige Cantor Michael das Todes-
datum sowie das der beiden zeitgenössischen Priorinnen und andrer
Mönche und Nonnen im Kalender ein, es folgten unter Abt Robert
noch die beiden weiteren Daten, und so blieb das Psalterium unver-
ändert, bis es im 17. Jahrhundert die Benedictiner nach Deutschland
hinübertrugen ins Kloster Lamspringe.

---

vetustas admisit, si zelum discretione condisses, sine dubio et ea quae intendebas
salubriter obtinere et collectum gregem non disperdere, sed potius poteras con-
gregare, ut pastoris intemeratum nomen excelleret non culpa dispersoris in-
cumberet". Gewöhnlich befindet sich dieser Abschnitt in einem Brief des Gregorius an Serenus, Bischof v. Marseille (Migne, Patrologia Bd. LXXVII, S. 1128.
Lib. XI, Ep. XIII), während die oben genannte Antwort an Secundinus (Lib. IX,
Ep. LII), welche auch über Bilder handelt, ganz anders lautet.

Technik und Stil der Illustrationen.

Die Illustrationen des Schreibers des Alexisliedes, also

1. die Folge von 40 Bildern (Taf. V),
2. das Bild des Alexisliedes,
3. die 3 Emmausbilder (Taf. VI),
4. die erste Initiale B des Psalters (Taf. II)

und die des Psalterschreibers, also

1. die Kalenderbilder (Taf. IV),
2. die Psalterinitialen (Taf. I),
3. die 2 Vollbilder am Schuss (Taf. VII u. VIII)

zeigen beiderseits eine doppelte Technik, welche von beiden Malern in gleicher Weise ausgeübt wurde.

Die am meisten angewandte ist die folgende:

Zuerst wurden die Umrisse mit einem Stift angelegt und dann sorgsam mit der Feder mit bräunlicher Farbe gleichmässig nachgezogen. Nachdem so die Conturen der Composition klar waren, wurden sie mit Farbe ausgefüllt, mit Ausnahme der Fleischtheile, welche beim Alexisschreiber fast immer, beim Psalterschreiber sehr häufig ausgespart blieben und nur mit einigen aufgesetzten Lichtern und grünen, seltener röthlichen Schatten versehen wurden. Die Fläche der Figuren und Gegenstände wurde je mit dem für sie bestimmten Mittelton, sei es blau, roth, gelb, grün, braun oder purpur gedeckt; zuletzt vergoldete man die Heiligenscheine, Theile des Ornaments, Buchstaben und andere Gegenstände. Da die Umrisse durch die Bemalung wieder unbestimmt geworden, zog man sie mit einem Pinsel mit schwarzer Farbe noch einmal nach, malte sodann auf den Mitteltönen der Gewänder und der andern Gegenstände die Schatten mit einem tieferen Ton durch gleichmässiges Auflegen oder durch

Schraffierung und brachte schliesslich das hellere Licht durch aufgesetzte weisse Linien oder Flächen hinein.

Weniger Arbeit verlangte die zweite Art der Behandlung: die Aufzeichnung mit der Feder war dieselbe, dann aber wurden die Flächen nur leicht an den Rändern und in den Schattentheilen mit Farbe versehen, so dass in Licht- und Fleischpartien überall der Ton des unbedeckten Pergaments bestehen blieb. Bei dieser Malweise wurde weder Gold noch Weiss verwandt. Da bei den Hauptsachen die erste Technik geübt ist, so wurde diese von den Malern wohl für die bedeutendere, eindrucksvollere gehalten. Es lässt sich ja auch nicht läugnen, dass sie viel prunkvoller auftritt als die zweite Art, die im Gegensatz dazu leicht und spielend erscheint. Mit Rücksicht auf die künstlerische Form ist die zweite leichte Weise der ersten schweren vorzuziehen, denn durch das zweite Umziehen der Umrisse mittelst des Pinsels gehen besonders in dieser Handschrift alle Feinheiten der ursprünglichen Federzeichnung verloren, Gesicht und Hände werden plumper, alle Formen hart und schwer.

Der Psalterschreiber malte mit Ausnahme einzelner kleiner Theile die Initialen des Psalters sowie die beiden Schlussbilder in der schweren, die kleinen Illustrationen des Kalenders in der leichten Weise; der Schreiber des Alexisliedes die 40 Bilder in der schweren, das Alexisbild und die Emmausbilder in der leichten und das B gemischt in beiden.

Technisch stehen beide Maler also auf derselben Stufe, und auch stilistisch sind sie nicht sehr von einander verschieden; sie bewegen sich in demselben Formenkreis. Die Ornamentik baut sich bei beiden hauptsächlich auf dem gekerbten Blatt auf, welches symmetrisch aneinandergereiht oder in Form von Palmetten, Rosetten oder Sternen zusammengesetzt ist. Der Schreiber des Alexisliedes hatte bei den Umrahmungen seiner grossen Bilder mehr Gelegenheit seine Ornamentik innerhalb gleichmässiger Streifen zu entwickeln, während die Körper der Buchstaben dem Psalterschreiber weniger Raum boten. Dieser zeigte seine Kunst daher hauptsächlich an den Enden der Buchstaben, welche meist in kurzen Ranken mit fleischigen, gekerbten, umgeschlagenen Blättern ausliefen. Daneben treten vielfach auch noch die breiten Bandverschlingungen auf, sind aber oft durch wirre Striche nur äusserlich nachgeahmt. Der Schreiber des Alexisliedes bringt sehr selten kleine Stücke Bandwerk, dafür aber um so häufiger einen mäanderartig sich entlangschlängenden Streifen, für welchen er die verschiedenartigsten Bewegungen erfindet. Mit dem-

selben verbinden sich oft in regelmässiger Wiederkehr kleine Blätter
oder Vögel. Sonst ist das thierische Element als Ornament, abgesehen von einem hundeartigen Kopf, aus dem öfters die Ranken ent-
springen, wenig vertreten. Die Ornamentik weist im Ganzen mehr
nach Frankreich als auf die älteren englischen Handschriften, und
dies ist auch nicht zu verwundern in einem Kloster, das von nor-
männischen Aebten geleitet und von den aus Frankreich stammen-
den Erzbischöfen von Canterbury unterstützt und mit Büchern zum
Abschreiben versehen wurde.

In den Figuren herrscht eine genaue Uebereinstimmung beider
Schreiber in allem Aeusserlichen, in den Trachten der Apostel, der
Krieger, der Frauen; der Teufel ist bei Beiden ganz gleich darge-
stellt, ebenso die Nebendinge, wie die Fische, das Kreuz Christi (bei
Beiden aus unbehauenen, noch mit den Astansätzen versehenen
Stämmen zusammengesetzt). Nur in der Darstellung des Gesichtes
und der Körperproportionen haben sie eine etwas verschiedene Norm.

In den Köpfen des Psalters ist die kurze Stirn von der meist
geradlinigen Nase kaum geschieden. Die Linie von der Nase zum
Mund ist lang und gerade, die Unterlippe tritt ebenso weit oder
noch weiter vor, als die Oberlippe, und das Kinn stark zurück. Diese
Bildung, vereint mit den weit geöffneten Augen, in denen die Iris
starr mitten im Weissen sitzt, giebt dem Kopf einen dummen und
rohen Ausdruck. Der Maler der Erlösungsgeschichte giebt dagegen
seinen Menschen eine viel schärfer characterisierte Physiognomie.
Stirn und Nase sind fast durchweg mittelst einer kleinen Kerbe von
einander geschieden, die Nase meist schwach gebogen oder mit
einem Höcker versehen, und die Flügel nach oben gezogen, so dass
die Nasenlöcher markiert sind. Die Unterlippe steht nicht so weit
vor wie die Oberlippe, die Augen sind meist nicht so starr. Auch
in Haar und Bart ist mehr Bewegung gebracht. Die Gestalten sind
im Vergleich mit dem Psalterschreiber länger und dünner, die Köpfe
kleiner.

Der künstlerische Werth der Bilder, zunächst der historischen,
besonders in der Composition, ist ein recht geringer. Im Vergleich
mit den Werken der Angelsachsen vor der normannischen Eroberung
ist ein starker Abfall unverkennbar. Alles ist schematisiert, die Gestalten, die in den gleichen angelsächsischen Scenen (z. B. in dem
Benedictionale des Aethelwold, Archaeologia Vol. XXIV) frei grup-
piert sind, gehorchen hier einer steifen Symmetrie, die Handbewegungen sind einförmig, die Köpfe fast alle im scharfen Profil, nur

einige in Vorderansicht, oder dieser sehr nahe kommend, während früher das Halbprofil durchaus vorherrschte. Der Faltenwurf hat das Unruhige der angelsächsischen Gewandung verloren, damit zugleich aber eine Reihe von Motiven, und ist steif und einförmig geworden. Auch die Blattornamentik der Einfassung hatte in den angelsächsischen Handschriften, besonders denjenigen, die der Schule von Winchester im 10. und 11. Jahrhundert zugeschrieben werden, eine eigene Entwickelung eingeschlagen. Dieselbe findet ebensowenig in unserer Handschrift eine Fortsetzung, sondern hier handelt es sich um eine Zusammenstellung von Motiven aus einem zum grössten Theil schon karolingischen Vorrath. Für die englische Kunst haben wir also in diesen Bildern aus dem Anfang des 12. Jahrhunderts einen Abfall zu sehen, der wahrscheinlich dem Umstand zuzumessen ist, dass das angelsächsische Element durch die Normannen unterdrückt wurde und die geschwächten Ausläufer einer dem Boden fremden Kunst dort Wurzel schlugen.

Die Initialen, deren Ornamentik sich in Frankreich und England bereits in stärkerem Maasse ausgeglichen hatte, litten nicht so unter diesem Wechsel; die figürlichen Darstellungen, welche sie ausfüllen, gleichen stilistisch vollständig den andern Bildern, sind aber dem Gegenstand ihrer Darstellungen nach viel wechselvoller und auch ausgeprägter in den Bewegungen, da sie jedenfalls von einer Handschrift mit ähnlichen Darstellungen aus vermuthlich besserer Epoche angeregt sind.

Betrachtet man dieses Werk im Zusammenhang mit andern im gleichen Kloster entstandenen, so hat man aber auch die Genugthuung, zu sehen, dass die künstlerische Beeinträchtigung überwunden wird, und dass bis zur Mitte des dreizehnten Jahrhunderts das angelsächsische Element, die Federzeichnung mit leichter Farbenangabe und die Beweglichkeit der Umrisse, wiederum den Sieg davontragen. Zum Belege dieser Thatsache seien einige Erzeugnisse des Klosters hier vorgeführt.

Von den Büchern, welche durch alte Inschriften als solche aus dem Kloster St. Albani beglaubigt sind, fällt mit dem Hildesheimer Psalter in dieselbe Zeit ein Prudentius im Britischen Museum (Titus D. 16)[1]).

Die zahlreichen Illustrationen stimmen stilistisch so sehr mit

---

[1]) Näheres über die Hds. bei Richard Stettiner, Die illustrierten Prudentiushandschriften. 1895.

denen des Schreibers des Alexisliedes überein, also mit den dem
Psalter vorangehenden historischen Bildern, dass man sie demselben
Zeichner zuschreiben würde, wenn nicht einige kleine Abweichungen
vorhanden wären.

Es ist die leichtere, nicht deckende Weise wie in den Emmaus-
bildern, welche der Prudentiusschreiber wählte; er hat die Figuren
mit brauner Tinte gezeichnet, Haare und Schuhe auch zuweilen ganz
mit diesem Ton ausgefüllt, das Uebrige mit Roth und Grün leicht
an den Rändern angelegt. Proportionen und Gesichtsbildung sind
ganz dieselben, auch der in strahlförmigen Falten steif flatternde
Mantel und die Faltenränder unten an den Gewändern. Die
Kleidung, die Rüstung der Ritter, die Gestalt der Teufel ist genau
die gleiche; auch stimmen die Pferde und ihre Sättel vollständig überein, und nur die langen Spitzen unter den Stiefeln der Reiter und
an den Sattelriemen der Pferde fehlen im Prudenz. Dies und eine
etwas andere Behandlung des Erdbodens sind die einzigen Kennzeichen, die darauf deuten können, dass der Illustrator ein Anderer
gewesen als der des Alexisliedes. Jedenfalls aber stand er ihm so
nahe, wie es nur in unmittelbar gemeinsamer Thätigkeit möglich ist.

Ausserordentlich grosse Verwandtschaft mit dem genannten
Theil des Hildesheimer Psalters und dem Prudentius hat auch eine
Evangelienhandschrift, welche in der Bibliothek des Pembroke
College in Cambridge aufbewahrt und dort in einem Glaskasten
ausgestellt wird. Sie stammt jedoch aus der Abtei Bury-St. Edmund
in Suffolk, und wenn sie nicht ursprünglich auch auf St. Alban
zurückgeht, so beweist sie eine grosse Stilgemeinschaft oder eine
Stilübertragung zwischen diesen beiden von einander nicht sehr ent-
fernten Klöstern. Die ersten 12 Seiten dieser Folio-Handschrift sind
mit zahlreichen Scenen aus den Evangelien gefüllt, Federzeichnungen,
die ebenfalls nur an den Rändern mit Roth, Gelb und Blau angelegt sind. Aus Bury St. Edmund stammt ja auch der in der Einleitung
angeführte Psalter des 11. Jahrhunderts im Vatikan[1]), welcher durch
seine Illustrationsweise und durch die Auswahl der Psalmverse zur
Darstellung wie ein directer Vorläufer unseres Psalters aus St. Alban
erscheint; doch gehört er stilistisch noch ganz der angelsächsischen
Federzeichnung der voraufgehenden Epoche an und hat seine Illustrationen auch nicht den Initialen einverleibt, sondern als Rand-
bilder wie bei den byzantinischen Handschriften nebengefügt.

---

[1]) Siehe oben S. 17.

Ferner stammt aus dem Anfang des 12. Jahrhunderts ein Terenz der Bodleiana in Oxford (Auct. F. II. 13) mit der Inschrift: „Hic est liber sci Albani, quem qui ei abstulerit aut titulum deleverit anathema sit. amen", mit zahlreichen Federzeichnungen in brauner Farbe, die nur durch leichte Schattenanlagen mit hellerer Lösung derselben Farbe abgerundet werden. In den Köpfen kann man keinen Vergleich ziehen mit dem Hildesheimer Psalter, da nur Masken hier vertreten sind; die Körperproportionen dagegen, der Faltenwurf, die grossen stark bewegten Hände mit langen etwas auswärts gebogenen Fingern, die kalligraphischen Falten vor Bauch und Oberschenkel erinnern stark an die Figuren der Psalterinitialen, stehen also dem Psalmenschreiber näher als dem des Alexisliedes.

Sehr gering ist leider die ornamentale Ausstattung einer kleinen Evangelienhandschrift in Cambridge in St. John's College (G. 15), welche die Inschrift trägt: „Hunc libellum fecit dominus Symon abbas de sco albano, quem qui ei abstulerit anathema . . . ". Die Schrift ist ausserordentlich sorgfältig, doch enthält sie ausser einigen Initialen keinen Schmuck, und auch diese sind nur klein und zeigen ausser einem Engel und einzelnen Thieren nichts Figürliches, so dass daraus kein Eindruck von der Malthätigkeit der 2. Hälfte des 12. Jahrhunderts — Abt Simon regierte 1166—1188 — erlangt werden kann. Wie bei den Initialen des Psalters sind hier Deckfarben und Gold verwandt.

Der reichste Stoff ist uns aus der Mitte des 13. Jahrhunderts, der Zeit des Abtes Johannes II. (1235—60), erhalten. Damals gelangte die Zeichenkunst im Kloster St. Albani zur grössten Ausbildung in der Person des vielseitig gebildeten Mönches Mattheus Paris[1]). Seine Handschrift mit der „Historia de Offa rege" und den „Vitae abbatum" im Britischen Museum (Nero D. 1) giebt ein ausführliches Beispiel seiner Kunst. Das Leben Offa's ist durch 47 über dem Text stehenden braunen Federzeichnungen geschmückt, doch sind die ersten 7 Bilder, von denen das letzte auf fol. 5ᵛ, die Umarmung von Vater und Sohn, das beste ist, den weiteren 40 so sehr überlegen, dass man kaum annehmen kann, dass diese letzteren

---

[1]) In den Gesta Abbatum I, S. 395 heisst es von Mattheus Paris: „Inerat ei tanta subtilitas in auro et argento caeteroque metallo, in sculpendo et in picturas depingendo, ut nullum post se in Latino orbe creditur reliquisse secundum". Vgl. über ihn ferner Thomas Duffus Hardy, Descriptive Catalogue of Materials relating to the History of Great Britain and Ireland. Vol. III.

ebenfalls von Mattheus stammen[1]). Von ihm selbst sind dagegen
wohl die kleinen Randzeichnungen und die Halbbilder der Aebte im
Text der folgenden „Vitae abbatum", die theilweise leicht an den
Rändern oder im Hintergrund mit Farbe angelegt sind. Die
vollendetste seiner Zeichnungen aber ist die Madonna in der
„Historia Anglorum" im Britischen Museum (14 C. VII).
Maria sitzt auf einem Thron, das Kind auf ihrem Schooss küsst die
Mutter und greift dabei nach einem Apfel. Die Federzeichnung ist
theilweise durch kräftige äussere Umrisslinien verstärkt und die
leichte Farbenanlage lässt das Pergament an den Fleischtheilen und
den Lichtern der Gewänder unbedeckt. Die Madonna trägt ein
roth- und blau schillerndes Untergewand, ein kürzeres bräunlich
gelbes Oberkleid ohne Aermel mit blauem Gürtel und darüber einen
hellgrünen Mantel; ein rother Heiligenschein umgiebt das gekrönte
Haupt. Das Christkind im weissen Hemd wird von dem Mantel der
Mutter miteingehüllt. Vor ihnen kniet ein Mönch in weisser Kutte
mit bräunlichen Schatten. Die Beischrift nennt ihn Frater Mathias
Parisiensis. Es folgen dann die Bilder der 8 ersten normannischen
Könige unter einzelnen hufeisenförmigen Bogen, ziemlich gleichmässig und ohne Individualität gezeichnet und mit schwachen Farben
in den Schatten versehen. Die Ornamentik der umgebenden Rahmen
bewegt sich noch in denselben Formen wie im Hildesheimer Psalter.

Nachlässiger und roher sind die 32 Königsbilder in dem Chro-
nicon Abbreviatum im Britischen Museum (Claudius D. VI),
welches auch auf Mattheus zurückgehen soll.

Alle diese Zeichnungen offenbaren denselben Stil. Die Gewandung ist in den Linien gut beobachtet, fällt in weichen Formen
und bildet unten am Rande zahlreiche kleine Falten. In den Gesichtern ist die Iris klein und stark in die Ecke oder an den oberen
Augenrand geschoben; die Nasenflügel haben zur Andeutung des
Nasenlochs eine starke Kerbe und sind nach oben gezogen, so dass

---

[1]) Dieselben sind nicht nur viel schwächer und ungeschickter, sondern
zeigen auch die Haare in breiten Wulsten an den Seiten der Männerköpfe, wie
Mattheus sie nicht zeichnet. Man bemerkt die Unterbrechung auch daran, dass
in der Folge die Umrahmungslinien fehlen, die auf der 8. und 9. Darstellung vom
ersten Maler noch mit dem Stift vorgezeichnet waren. Auf die Nichtvollendung
durch Mattheus selbst deutet auch die erst nach seinem Tode abgefasste Inschrift: „Hunc librum dedit fr Mathaeus deo et ecclesiae Sci Albani. Quem qui
abstulerit vel titulum deleverit anathema. Anima eiusdem Mathei et animae
omnium fidelium defunctorum requiescant in pace."

die Nase einen hängenden Eindruck macht. Die Handbewegungen sind gemässigter und nicht so gespreizt wie in den älteren Werken des Klosters[1]).

Auch der Psalter des Britischen Museums (2 B VI), welcher die Inschrift trägt: „Hunc librum dedit frater Joħs de Dalling ex licentia dni Joħ. II abbatis deo et ecclesiae sci Albani; ita tamen quod habeat usum suum in vita sua", und also ebenfalls der Zeit des Abtes Johannes II (1235—1260) entstammt, zeigt den Stil des Mattheus Paris, doch unter der Feder eines schwächeren Zeichners. Die Bilder aus der Geschichte Christi, die Märtyrerscenen und die Madonna[2]) sind ebenfalls nur mit leichten Farben behandelt, während die Initialen mit dunklen Deckfarben und Gold ausgefüllt sind, und wir auch in ihnen noch die Beziehungen zu dem Hildesheimer Psalter wahrnehmen, mit dem wir die Reihe der Handschriften begannen und mit dem auch noch die Monatsverse im Kalender übereinstimmen.

Die Buchmalerei im Kloster St. Albani wurde also hauptsächlich nach der Seite der nur an den Rändern und in den Schatten leicht colorierten Federzeichnung hin ausgebildet. Die Deck- und Goldmalerei, die in dem Hildesheimer Psalter daneben noch die bedeutendere Stellung einnimmt, verschwindet wieder und beschränkt sich fast nur noch auf Initialen, während die zeichnende Art in der Mitte des 13. Jahrhunderts unter Mattheus Paris ihren Höhepunkt erreicht.

---

[1]) Den Zeichnungen des Mattheus Paris sind dem Stil nach auch vielleicht diejenigen in der Handschrift K. k. 1. 25 der Universitätsbibliothek in Cambridge zuzuzählen. In den verschiedenen Briefen und Abhandlungen, welche sie enthält, begegnen wir dem Bilde Alexander's des Grossen, der Verkündigung, der Heilung des Tobias, dem Kampfe St. Michael's mit dem Drachen und anderen Figuren, die alle in der gewohnten Weise gezeichnet sind mit Ausnahme einiger zerrissener Stücke in Deckmalerei. Derselben Zeit und Schule gehören auch die ungefähr 70 Federzeichnungen der Vita Edwardi Confessoris in Cambridge (Universitätsbibl. E. e. 3. 59) an mit blauen, rothen und gelben Farbenrändern.

[2]) Abbildung bei Walter De Gray Birch, Early Drawings and Illuminations etc. London 1879. S. 218, Taf. X.

Ikonographische Bedeutung der Initialen.

Sämmtliche Initialen der Psalmen in der Hildesheimer Handschrift zeigen eine figürliche Darstellung. Die einfache, nicht verzerrte Uncialform umschliesst eine oder mehrere Gestalten, die sich in ihren Bewegungen und Stellungen den Linien der Buchstaben möglichst anbequemen. Ueber die Art der Darstellungen ist schon in der Einleitung gesprochen. Aus jedem Psalm sind ein oder mehrere Verse ganz oder in Bruchstücken herausgegriffen und ihrem Wortlaut nach, also rein sinnlich, dargestellt; so sind z. B. die Worte: „deus repulisti nos" (Ps. LIX) vorgeführt durch Christus, welcher einen Menschen mit der Hand und mittelst eines Fusstrittes gegen den Oberschenkel zurückstösst (Fig. 1). Neben jeder Initiale sind noch besonders mit rother Farbe die betreffenden Psalmworte wiederholt, welche der Illustration zu Grunde liegen, so dass wir nicht genöthigt werden, eine Beziehung zum Text zu suchen, sondern sie vom Autor selbst ohne Mühe erfahren.

Ferner ist der ersten Initiale B, welche von dem Schreiber des Alexisliedes herrührt, von ihm selbst eine Erklärung beigeschrieben, welche Licht verbreitet über die Auffassung der Illustrationen.

Die Initiale B (Taf. II) zeigt uns König David, wie er auf einem Throne sitzt, und der heilige Geist in Gestalt eines grossen Vogels über ihm steht und ihn durch das rechte Ohr inspirirt. Mit der Rechten spielt der König auf der Harfe, in der Linken hält er ein Buch, in welchem die Worte stehen: „Annuntiationem sancti spiritus eructavit beatus david psalmista quem deus elegit". Dadurch ist die Darstellung erklärt. Um aber dieses Titelbild mit den folgenden Wortillustrationen seines Zeitgenossen in Einklang zu bringen, brachte der Schreiber über dem B ebenfalls ein sinnliches Bild an und drückte

Tafel II.

Initiale von Psalm I.

(König David.)

in ihm den Hauptgedanken des ganzen Psalters und speciell des ersten Psalms aus, den Gegensatz des Guten und des Bösen.

Zwei Reiter, vollständig gewaffnet mit kegelförmigem Helm, langem Schild, Sporen, Schwert und Lanze stürmen in heftigem Kampf aufeinander los. Die Lanzen haben sie sich gegenseitig durch die Brust gestossen und den Schaft zerbrochen, jetzt holen Beide mit dem Schwert gewaltig zum Schlage aus, während die Pferde in gestrecktem Lauf gegen einander rennen. Die gleichzeitige Deutung

Fig. 1. Ps. LIX v. 3.

dieses Kampfes beginnt am Rande des Emmausbildes auf der vorhergehenden Seite und erstreckt sich dann über den ganzen freien Raum neben der Initiale. Sie lautet:

„Hic versus loquitur de proceribus qui ex alia parte (auf der andern Seite) posita sunt. De sancto terreno bello in ecclesia est comparatio et magna jocunditas cum angelis in caelo.

Ideo quod sanctae figurae in spiritu virili armatae factae sunt Christi amicae et celestes atletae, quicunque vult essere filius dei et dignus heres caelorum et quicunque vult adimere gloriam et hereditatem, quas diaboli a regno dei elapsi amiserunt, nocte ac die oculo et corde speculetur illud bellum et equitationem, quae hic viderit protracta.

Sicut haec visibilia arma ferro et ligno sunt parata, ut malum et humanam occisionem faciant, similiter autem quemque nostrum, in bello et poenitentia constitutum, fide et carritate orportet armari, ut celestibus bonis appropinquemus et coronam vitae angelicam percipiamus, et sicut ipsi corporaliter sunt tumentes superbia et maledictione, similiter nos spiritualiter oportet essere mansuetos in humilitate et deica benedictione.

Sicut ipsi dati sunt in iram et visibilem rabiem corporaliter, similiter nos oportet essere in pace et sapientia spiritualiter.

Sicut ipsi ad omnia membra sua oculo corporis non sinunt in vicem extendere, nos autem similiter oculis cordis cum omni virtute semper oportet circumspicere contra adversarium nostrum nobis insidiantem continuo tempore.

Adversarius noster optat et adaestimat irruere super verticem nostrum omne malum, quod oritur in duello istorum.

Ipsi oculis suis nunquam dant soporem nec calcaribus oblivibus (?) oblivionem, et cuspis nostrae meditationis semper habeat prudentiam rationem et affectus studii coortationem.

Uterque fit certus in corde, quod nisi adversarium suum visibilem occidit, ipse occidetur; nos autem nisi adversarium nostrum invisibilem interfecerimus, nos ipsi interficiemur. Qui vincit, vere vivet; qui fractis renibus cadit, peribit.

Hic summam veritatem declaravimus, quam qui voluerit teneat ut sibimet.

Sicut isti viriles sunt et prudentes in cursu equitationis, similiter et nos oportet essere viriles et perfectos in perseverantia stabilitatis.

Si aliquando gladio aut lancea seu volatili sagitta percussi fuerimus, non tamen inanes decidemus, si viriles probati sumus, sed tantum in domino profectiores efficiemur, et fide et spe dupliciter accingemur, ut salvi coram domino coronemur.

Nos autem oportet omnem artem, quam hi duo bellatores parant corporibus suis, ordinare spiritibus nostris.

Quia sanguis sanctorum martyrum et digna virginitas illuminant librum vitae et praecedunt amorem celestem, qui miratur divinam faciem et scirmizat nocte ac die secundum significationem et expurgat se assidue, probat contra diem novissimum et divinum proelium, quod est praedictum in scriptura futurum de sancta ecclesia et antichristo, qui se invicem percutiunt et humanum genus commovebunt.

Nominatae in libris sanctorum istae societates et omnes illae virtutes, quas sancta ecclesia doctrinat et secum conducet.

Scriptum est de sapientia regina, quae in consilium conducit: illa sedebit super album dextrarium et percutiet super exercitum perditum.

Suus ictus erit multum (?) honestus et omnes vincet; de illo bello et divina hereditate meditantur die ac nocte boni claustrales et virilia cordia sobria et casta et quisque fidelis discipulus.

Adhuc sunt duo de humano genere vivi in caelo qui sanguinem suum effundent et illud bellum consumabunt[1]).

Illud bellum finietur magno labore et centies mille modiis sanguinis, magnus erit ille clamor.

Nocte dieque parant se boni et mali.

Impii student in malitia et glorificant se in adulatione et cupiunt superbiam et discordiam.

Justi student in justificationibus et glorificant se in confessione et cupiunt pacem et puram devotionem.

Modo audisti nostrum dictum et illum versum, qui sit (?) scriptus in nomine celestis amoris et in honore spiritualis belli, ne aliquis illorum locutorum, qui scrutantur, nos reprehendant.

Mihi visum est, quod ratio est, ut ipse psalmista qui studuit in sapientia et sonuit talem divinitatem, sit protractus in specie regis et honorifice positus ita in medio hoc B et teneat cytharam suam in manu dextra contra pectus et suum psalterium in manu sinistra in quo scribatur beata annunciata.

Nam in illo sancto studio nobis notificavit viam salutis et nostrum redemptorem, qui nos illuminat, et sanctam ecclesiam aedificat.

Mihi visum est, quod sonus suae cytharae significat vocem sanctae ecclesiae et suus liber, quem habuit in magna dilectione, significat sapientiam prophetiae et illam divinam praedicationem, et ideo spirituales amant psalterium et cupiunt suam divinam doctrinam, ideo quia dulcedinem inserit cordibus eorum"[2]).

---

[1]) Diese Beiden sind nach der mittelalterlichen Anschauung Henoch und Elias, welche lebend in den Himmel aufgenommen sind, und mit deren Tod das jüngste Gericht beginnt.

[2]) Die Schreibart einzelner Worte ist bei der Abschrift dem modernen Gebrauch angepasst, also ac statt c, v statt u etc.

Der Kern der Erklärung ist also: Der leibliche Kampf der
beiden Krieger, den wir vor uns sehen, soll uns erinnern an den
geistigen Kampf, den wir beständig gegen das Böse zu kämpfen
haben. Zu den Erscheinungen, die wir „corporaliter" an ihnen wahrnehmen, sollen wir die „spiritualiter" entsprechenden in uns aufsuchen und beherzigen. So erhält die scheinbar äusserliche Darstellung ihren lehrhaften Werth. Der Gedanke einer solchen Vergleichung ist durchaus kein unserm Autor eigenthümlicher, er ist ein
allgemein verbreiteter, wir finden ihn z. B. genau zur selben Zeit in
der „Gemma Animae" des Honorius Augustodunensis in dem kurzen
Kapitel „de bello spirituali"[1]); hier in unserm Psalter aber haben
wir nebeneinander Darstellung und Auslegung, so dass wir die
Brücke zwischen den Producten der Litteratur und den bildlichen
Darstellungen finden. Derartige kämpfende Ritterpaare sind in der
mittelalterlichen kirchlichen Sculptur, besonders in der entsprechenden
Zeit, dem 12. Jahrhundert, nichts Seltenes an Kapitellen und Taufbecken[2]). Auch Bernhard von Clairvaux (1091—1153) erwähnt in
dem bekannten Tadel über die Kirchensculpturen neben den vielerlei
Thieren und Ungeheuern die „milites pugnantes"[3]). Wo es die Umstände nahelegten, characterisierte man den Gegensatz noch schärfer.
So wurden im Kreuzgang von Monreale bei Palermo, den im
12. Jahrhundert die Normannen erbauen liessen, in zwei kämpfenden
Ritterpaaren, die mit dem Kampf des hg. Georg und dem hg. Eu-
stachius auf der Hirschjagd die vier Seiten eines Kapitells bilden,
stets ein christlicher und ein muhamedanischer Reiter sich gegenübergestellt, indem hier also den Ortsverhältnissen gemäss die
Sarazenen als Vertreter des antichristlichen Elements gewählt
wurden. In einem jüngern Relief des Chorgestühls im Erfurter
Dom kämpft ein Jüngling zu Pferde mit Lanze und Schild, dessen
Abzeichen, ein Fisch, ihn als Streiter Christi hinstellt, gegen einen

---

[1]) Migne, Patrologia Vol. 172, S. 567.

[2]) Kapitell in St. Pierre in Preuilly (Tourraine) als Gegenstück zur Ver-
kündigung (Caumont, Bulletin Monumental Sér. IV. Bd. V, S. 174) — Wartburg,
Kapitell. — Wandsford (Northamptonshire) an einer Taufe Heiligendarstellungen
gegenübergestellt (Archaeologia Bd. XVI, Taf. 37). — Ebenso in Schweden, Taufe
in Skälfvum (Vestergötland), Kampf eines Ritters gegen einen Centauren als
Gegenstück zur Taufe Christi (Antiquarisk Tidskrift f. Sverige III, S. 142). —
Mit Bezeichnung der Namen einzelner Tugenden und Laster am Domportal zu
Tournay (Schnaase, Gesch. d. bild. K. IV, S. 268).

[3]) Vgl. Schnaase, Gesch. d. bild. K. IV, S. 272.

Juden, der nicht nur durch seinen spitzen Hut, sondern auch durch die Sau, auf der er reitet, klar gekennzeichnet ist[1]).

Nach der im Psalter niedergeschriebenen Deutung sind wir berechtigt, zu glauben, dass Darstellungen wie die kämpfenden Ritter, selbst wenn ihnen die ganz speciellen Attribute fehlten, nicht allein den Zweck des Schmuckes hatten, und zwar eines Schmuckes, der mit der Kirche in keinem directen Zusammenhang stand, sondern dass sie häufig geradezu als mahnende Gleichnisse betrachtet wurden, in erster Linie für die Geistlichen selbst, dann aber auch für die Laien, welche durch die Geistlichen Anspielungen auf derartige Bilder und Interpretationen hörten.

Die Auffassung, welche uns bei der ersten Initiale B durch die beigefügte Abhandlung klar vor Augen tritt, gilt aber auch für alle folgenden. Der äusserliche leibliche Vorgang, der dem Illustrator durch einen Psalmvers angedeutet war, wurde von ihm dargestellt, nicht in der Meinung, damit den Sinn des Psalms erfasst, sondern nur das Bild „corporaliter" festgestellt zu haben, zu dem der Beschauer sich seinen Fähigkeiten gemäss den entsprechenden geistigen Vorgang, das „spiritualiter", zu vergegenwärtigen hatte. Man kann demnach diese Illustrationsweise nicht, wie es zuerst erscheint, naiv nennen, denn der Darsteller war sich des Mystischen seiner Bilder vollständig bewusst. Das Bedürfniss der Deutung bildete gerade ihren Reiz. Honorius Augustodunensis sagt von dem Psalter: „Ideo autem mysteria hujus libri sunt per involucra et aenigmata tecta, ne vilescerent omnibus aperta"[2]).

Wie wir schon in der Einleitung erwähnten, gehörten solche Auslegungen zu den „studia contemplativa", und gerade von dem muthmaasslichen Schreiber unseres Psalters, dem Eremiten Roger, rühmt sein Biograph Mattheus Paris „in contemplativis egregius habebatur"[3]).

Wenn nun die andern Initialen ebenfalls Bilder bieten, welche sich in der Kirchensculptur des 12. Jahrhunderts vielfach wiederholen, so können wir die jenen Initialen beigeschriebenen Psalmworte auch auf die plastischen Darstellungen anwenden und in diesen ebenfalls ein Bild sehen, das „corporaliter" vorgeführt und vom Be-

---

[1]) Abbildung in den Bau- u. Kunstdenkmälern d. Prov. Sachsen, Heft XIII, S. 101.

[2]) Migne, Patr. Bd. 172, S. 269.

[3]) Siehe oben S. 33.

schauer „spiritualiter" ausgelegt werden soll[1]). Hierzu mögen die folgenden Beispiele dienen.

Die Initiale zu Psalm 90 (Fig. 2) bringt ein in seiner allegorischen Bedeutung stets anerkanntes Bild, Christus auf Aspis und Basilisk, Löwe und Drache tretend, gemäss Vers 13: „Super aspidem

Fig. 2. Ps. XC v. 13.

et basiliscum ambulabis, et conculcabis leonem et draconem." Wegen seines greifbaren Inhaltes ist dieser Psalmvers seit der altchristlichen Kunst zu allen Zeiten dargestellt worden. Er darf daher nicht für das 12. Jahrhundert besonders in Anspruch genommen werden, wenngleich seine Wiedergabe zu dieser Zeit auch besonders häufig

---

[1]) Ueber die Deutung symbolischer Kirchensculpturen nach Psalmversen und andern biblischen Aussprüchen haben am ausführlichsten Cahier und Martin in den Mélanges Archéologiques (besonders Bd. III u. IV) und in den Nouveaux Mélanges (besonders Bd. I) geschrieben; doch treffen sie nur zuweilen das Richtige und gehen meines Erachtens meist zu complicirten Gedankenassociationen nach, während uns nur die Symbolik glaubhaft erscheint, wo der Darsteller im ersten Bilde bleibt und nicht dort, wo wir erst durch ein übliches Bild zu fernliegenden, die sich wiederum an dieses anknüpfen lassen, greifen müssen. — Nach ihnen behandeln den Gegenstand besonders Anton Springer's Ikonographische Studien in den Mitth. der Oesterr. Centr. Commission 1860.

ist. Mehrfach werden nur zwei der Thiere, Löwe und Drache, zur Darstellung gebracht[1]).

Der 57. Psalm beginnt mit der Initiale S (Fig. 3), in welcher sich oben die Darstellung einer Aspis befindet, auf der ein

Fig. 3. Ps. LVII v. 5.

Mann reitet, unten eine gleiche, die ihr Ohr verstopft, um die Stimme des vor ihr stehenden Beschwörers nicht zu hören. Zur Erklärung sind die Anfangsworte des 5. Verses daneben geschrieben, welche durch den 6. Vers zu einem vollständigen Satz ergänzt wer-

---

[1]) Beispiele finden sich in Ravenna, im katholischen Baptisterium (A° 425 bis 430, vgl. J. P. Richter, Die Mosaiken von Ravenna, Wien 1878, S. 18), auf einer altchristlichen Lampe des 4. bis 5. Jahrhunderts im Kestnermuseum in Hannover (Culemann'sche Sammlung No. 358, Abb. b. Garucci, Storia dell' arte cristiana VI, Taf. 473, Fig. 4): Christus mit der Kreuzesstange, umschwebt von 2 Engeln, steht auf einem Löwen und mehreren schlangenartigen Thieren. — Auf Buchdeckeln aus Elfenbein und Metall ist die Darstellung häufig: Vatican, Evangelien-

den: „Furor illis (sc. peccatoribus) secundum similitudinem serpentis; sicut aspidis surdae et obturantis aures suas, quae non exaudiet vocem incantantium et venefici incantantis sapienter". Oben ist die erste Hälfte des Satzes dargestellt, unten die zweite. Die Aspis ist hier wie auch an andern Stellen der Handschrift ein Thier mit Vogelkörper, mit zwei klauenartigen Füssen, einem langen Hals mit Kopf, der eine lange Schnauze und lange gespitzte Ohren besitzt, und mit einem schlangenartig geringelten Schwanz. Der Illustrator machte sich sogleich das sinnliche Bild, wie die Leidenschaft in Gestalt einer Aspis den Sünder davonträgt; es liessen sich hieran ausgedehnte Betrachtungen und Parallelen knüpfen, in derselben Art, wie es der andere Schreiber beim ersten Psalm gethan hatte. Der Mensch, der sich der Leidenschaft hingegeben, wird wie ein machtloser Reiter willenlos von ihr davongetragen; er öffnet schreiend seinen Mund und klammert sich doch fest am Halse des Ungeheuers an, um nicht zu stürzen; so sucht auch der Sünder, von der Leidenschaft hingerissen, stets an ihr selbst noch seinen Halt. Es war dies offenbar ein fruchtbares Bild, und daher sehen wir es häufig wiederkehren in dem Bilderkreis jener Zeit. Aus den verschiedensten Gegenden lassen sich die Beispiele hierfür zusammenstellen, bei denen auch das Thier, die Aspis, welche die Leidenschaft darstellt, stets gleich gebildet ist (Fig. 4 und 5)[1]).

---

codex aus Kloster Lorch (Abb. bei Förster, Dkm IX, Sc. 1). — Florenz, Sammlung Carrand, mit einem Gegenstück: St. Michael den Drachen tödtend. — Genoels-Elderen bei Limburg und Oxford, Bodleiana (Westwood, Anglo Saxon and Irish Mss. S. 54, 55, 58); London, Brit. Mus.; Paris, Bibl. Nat. Lat. 10514; Hildesheim, Missale der St Michaelskirche etc. — In der Architektur am Domportal zu Amiens (Bull. Mon. Ser. I, Bd. VII, S. 101) und Chartres (ebend. S. 605), auf der Portallünette zu Isen in Baiern (Sighart, Gesch. d. bild. K. in Baiern, S. 181) und an gleicher Stelle an der Cathedrale von Troja (Schulz, Denkm. von Unteritalien, Taf. XXXV). — An kirchlichen Gewändern und Geräthen kommt die Darstellung ebenfalls vor.

[1]) In dem in Leyden befindlichen Psalter Ludwig's des Heiligen (Universitätsbibl. Bibl. Publ. Lat. 76 A, wohl englisch, Anfang des 13. Jahrh.) bildet ein Aspisreiter die Initiale zu Ps 38 (Fig. 4), ein Aspisbeschwörer, welcher dem Thier den Mund aufreisst, zu Ps. 101. — In dem an allegorischen Darstellungen reichen Zwifaltener Passionale in der Stuttgarter öffentl. Bibliothek (Biblia fol. 56—58) aus dem 12. Jahrh. kommt ein Aspisreiter in der Initiale zur Vita Sci Aurelii vor (Fig. 5). — In Tavant (Tourraine) scheinen die sehr zerstörten Gewölbemalereien der Krypta der Abtei Marmoutier auf Psalmenillustrationen zu weisen; das einzige figurierte Kapitell zeigt den Aspisreiter und davor fliehend einen auf allen

In dem von England im 12. Jahrhundert stark beeinflussten
Schweden befindet sich diese Darstellung mehrfach als Sculptur an
steinernen Taufbecken neben andern symbolischen Scenen und als
Gegensatz zu solchen aus dem Leben Christi; so auf der Insel Goth-
land in Träkumla[1]) (Fig. 6) und in dem kleinen Ort Sanda.

Fig. 4.

Im Kreuzgang der Abtei De la Daurade in Toulouse erblickt
man auf einem der Kapitelle einen Mann, der auf einer ebensolchen
Aspis reitet, sie mit der Linken am Zügel hält und in der Rechten
das Schwert schwingt. Die Aspis ist durch einen Spitzhut ausge-

Fig. 5.						Fig. 6.

zeichnet. Daneben ist, durch eine Rankenschlinge von dieser Darstellung getrennt, der Beschwörer gemeisselt, wie er einer gleichen

---

Vieren kriechenden Menschen (Bull. Mon. Ser. IV, Bd. V, S. 320). — Im Bull. Mon.
Ser. I, Bd. 8, S. 312 ist ein Aspisreiter abgebildet, die Aspis jedoch mit einem
Königskopf.
    [1]) Im Museum in Visby aufbewahrt.

Aspis eine Lockspeise zum Fressen vorhält[1]). Es ist dies also eine
deutliche Wiedergabe des Psalmverses. Auf einem andern Kapitell der
Kirche St. Sernin in Toulouse wird das Bild weiter ausgesponnen
(Fig. 7)[2]). Dort stösst der Aspisreiter dem Thier, von dem er davongetragen wird, sein Schwert in die Brust, während jenes ihm kräftig
in den Oberarm beisst, und er sein Gesicht vor Schmerz verzieht. Links,
dem Reiter mit höhnischem Blick nachschauend, sitzt der Teufel, dargestellt wie ein Satyr mit Bocksbeinen, Hörnern, spitzen Ohren und
langem Bart. In der Rechten hält er gegen die Schulter gelehnt
eine Axt, die Linke erhebt er mit befehlender Geberde der Aspis
nach. Er ist es, welcher die Leidenschaft in die Welt gesandt. Die

Fig. 7.

gleiche Scene mit Anwesenheit des Teufels zeigt auch ein Kapitell
der Krypta des hl. Grimoald in Oxford (Archaeologia Bd. I S. 168).

Die Zahl der Beispiele lässt sich ohne Zweifel leicht erweitern.
Es ist dies also auch eine Darstellung, welche ebenso wie die der
kämpfenden Ritter einen Vorgang „corporaliter" zeigt, nämlich das
Reiten eines Mannes auf einem Ungeheuer, zu dem der Beschauer
sich die Parallele „spiritualiter" ziehen sollte.

Aehnlich ist es mit der Darstellung von Bogenschützen. In
zahlreichen Psalmstellen sind sie die Vertreter des Bösen, insofern

---

[1]) Im dortigen Augustinermuseum, Gipsabguss No. 1212 im Musée de
Sculpture Comparée in Paris.

[2]) Gipsabguss 1210 ebendaselbst.

als es dem Guten nachstellt. Der Sänger der Psalmen sieht sich beständig bedroht von den Pfeilen der Sünder, und daher treffen wir auch in den Bildern der Initialen häufig die Bogenschützen an. So ist im Ps. X der 3. Vers illustriert: „quoniam ecce peccatores intenderunt arcum" (Fig. 8). Oben erhebt flehend ein Mann seine Hände, unten spannt ein gepanzerter Krieger seinen Bogen und richtet den Pfeil hinauf zu ihm. Ebenso ist zu Ps. LXIII v. 4 „intenderunt arcum rem amaram, ut sagittent in occultis immaculatum" ein Bogenschütze gezeichnet, der seinen Pfeil auf eine Schaar Männer nach oben entsendet. In Ps. CXIX v. 4 haben die Worte „sagittae potentis acutae" zur Zeichnung zweier Männer Anlass gegeben, die mit ihren Bogen auf den betenden Gläubigen zielen. Dass dem Illustrator der Psalmen hierbei der Bogenschütze vollständig zum Repräsentanten der Feinde des Guten geworden ist, zeigt die Initiale zu Ps. CXV, dessen v. 13 „calicem salutaris accipiam" dargestellt ist durch einen Mann, welcher freudig den Kelch des Heils emporhält, während ein Bogenschütze seinen Pfeil auf ihn abschiesst. Obgleich hier das Wort „sagitta" oder etwas Aehnliches im ganzen Psalm nicht vorkommt, hat der Maler doch die Gefahr andeuten wollen, vor welcher der Kelch des Heils den Menschen errettet, nämlich die Pfeile des Schützen, die Anfechtungen des Bösen[1]).

Wie in diesen Illustrationen fanden die Pfeilschützen auch in dem weiteren Kirchenschmuck ihre Verwendung, zwar ohne erklärenden Text, aber derselben Deutung unterworfen, die sie in den Psalterbildern beanspruchen.

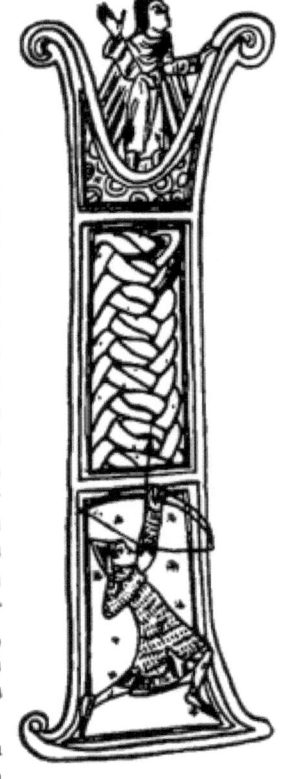

Fig. 8. Ps. X v. 3.

---

[1]) Auch der Kelch des Heiles, der in diesem Psalmvers illustriert wird, bleibt nicht ohne Nachfolge in anderen Kunstschöpfungen. Besonders in Italien in etwas jüngerer Zeit wird mehrfach in Gemälden, wo es sich um eine Seelenwägung handelt, als Gegengewicht gegen den Teufel, der die Waagschale her-

Auch die Centauren, welche im Mittelalter zu den Dämonen gerechnet wurden, mit Beziehung auf Isaias XXXIV, 14 „et occurrent daemonia onocentauris", wurden zum grössten Theil in der bildenden Kunst als Pfeilschützen dargestellt, hauptsächlich in Anlehnung an den Sagittarius im Kalender und im Aratus, und sind in dieser Gestalt die Verfolger des Guten[1]).

In den Kreuzzügen kämpften die christlichen Streiter gegen die besonders als Bogenschützen geübten Sarazenen, die Symbolik erhielt dadurch eine neue Bekräftigung.

In den angeführten Darstellungen von Bogenschützen spielten die Palme oder ein ähnlicher Baum und Vögel, die auf ihm sitzen, mehrfach eine Rolle. Beides findet in den Psalmen seine Erklärung und ist auch im Hildesheimer Psalter zu Initialen ausgewählt. Psalm 91 zeigt in dem Anfangs-B einen Mann zwischen 2 Bäumen mit einem Palmzweig in der Hand mit der Beischrift von v. 13 „justus ut palma florebit" (Fig. 9). Die Palme gilt also als Bild des Gerechten und daher wird auch die Justitia zuweilen mit einem Palmzweig dargestellt wie am Dom zu Amiens (Bull. Mon. II. Ser. Bd. I S. 431). Sie kennzeichnet aber auch zugleich den Aufenthaltsort der Gerechten, das Paradies, und wird so zum Baum

---

abzuziehen versucht, vom Engel ein Kelch in die andere Schale gelegt. Man hat darin zuweilen ein Geschenk an die Kirche zu sehen geglaubt, welches der betreffende Verstorbene gestiftet hatte, doch ist wohl nur der Kelch des Heiles, der calix salutaris wie im Psalm damit gemeint. Beispiele bietet ein Fresko der Vorhalle von S. Lorenzo fuori le mure in Rom und noch später das Altarbild des Orcagna in S. Maria Novella in Florenz.

[1]) Centaur auf einen Hirsch, das Bild der christlichen Seele (Ps. 41, 1), schiessend, zwischen Beiden eine Palme, am Tympanon der Kirche von Urville und auf einem Kapitell der Kirche von Ste. Marie-du-Mont (Bull. Mon. Ser. I, Bd. VIII, S. 128). — Centaur auf den guten Hirten schiessend, der das Lamm auf den Schultern trägt, über dem Portal zu Göcking in Baiern (Sighart, Gesch. d. bild. K. in Baiern S. 187). — Teufel als Bogenschütze an der Kirche St. Jean in Nantes (Bull. Mon. Ser. III, Bd. I, S. 481). — Bogenschütze schiesst auf Vögel, die von Trauben picken (Bild der christlichen Seele), am Portal der Kirche in Biburg in Baiern (Sighart S. 178), auf Vögel, die auf einer Dattelpalme sitzen, als Mosaik des 12. Jahrb. in der Zisa, einem Normannenschloss bei Palermo, auf einen Hirsch desgl. im königl. Schloss in Palermo. — Auch in dem Hortus deliciarum der Herrad von Landsberg sind die Teufel als Bogenschützen dargestellt (Engelhard Taf. IX). — Centaur auf Vögel schiessend an der Cathedrale von Bazas (Bull. Mon. Ser. I, Bd. XII, S. 688), in St. Hilaire (Mus. de Poitiers, Bull. Mon. Ser. IV, Bd. 8, S. 81), auf einen Löwen, der Kreuzeslamm und Baum mit Vögeln bewacht, als Portallünette in Stoke-sub-Hamdon in England (Bull. Mon. Ser. IV, Bd. II, S. 755 u. 846).

des Lebens „arbor vitae" (Apocalypse II, 7 und XXII, 2), wie sie
auf dem Tympanon der Kirche in Stoke-sub-Hamdon nach den Buch-
stabenresten bezeichnet gewesen zu sein scheint. Auf mittelalterlichen Sarkophagen, z. B. im Kreuzgang des Santo in Padua, ist die
Palme unmittelbar zusammengestellt mit den Paradiesflüssen und
dem Kreuzeslamm; in dem Hortus deliciarum der Herrad von Lands-

Fig. 9. Ps. XCI v. 12.

berg wird Abraham, welcher als Seelenhüter im Paradiese gilt,
zwischen Palmen gesetzt.

Beim Lebensbaum tritt jedoch häufig an Stelle der Palme ein
anderer Baum, der dann ebenfalls das Paradies andeutet. Solche
Bäume sind auch der Aufenthalt der Vögel, welche die Seelen
der Gläubigen darstellen. Die Initiale zum 83. Psalm zeigt uns
zwei Bäume mit Nestern und Vögeln und daneben v. 4: „etenim
passer invenit sibi domum" (Fig. 10). Direct ausgesprochen ist

die Vergleichung von Vogel und Seele in Ps. CXXIII v. 7 „anima nostra sicut passer erepta est de laqueo venantium".

Vielen kirchlichen Denkmälern und liturgischen Geräthen könnte diese Vergleichung den Stoff zum Ornamente gegeben haben, denn ausserordentlich verbreitet ist die Ausschmückung durch zahlreiche kleine Vögel in Ranken und Zweigwerk, die noch deutlicher auf eine Symbolik hinzielen, wenn sie an den Trauben der Ranken picken, da der Weinstock das Bild Christi ist (Ev. Joh. XV), besonders wenn diese Ranke aus einem Kelch hervorwächst, wie auf dem Kamm des hg. Gozelin (Bull. Mon. Ser. III Bd. VII S. 281).

Fig. 10. Ps. LXXXIII v. 4.

Der Vogel in den Ranken stellt oft ganz allgemein den „beatus" dar; so ist schon in dem Psalter von Amiens aus dem 10. Jahrh. die Illustration zum Psalm CXI „Beatus vir, qui timet Dominum; in mandatis ejus volet nimis" eine Weinranke mit Vögeln, auf die ein Bogenschütze von unten seine Pfeile richtet. Das Wort „volet" genügte, um beim Zeichner das Bild des Vogels für den beatus wachzurufen, durch den Bogenschützen aber machte er den Text des Psalmes vollständig, der mit dem Verse schliesst: „Peccator videbit et irrascetur etc."[1])

---

[1]) Abb. bei Rigollot i. Mémoires de la Soc. des Antiquaires de Picardie 1840. Bd. III, Taf. 4, Fig. 16; dort irrthümlich als Bild zu Psalm III angeführt.

An den Weinstock knüpft sich auch das Bild des Ebers, welcher ihn verwüstet. Die Grundlage für diese Darstellung bietet Psalm LXXIX v. 14: „Exterminavit eam (vineam) aper de silva, et singularis ferus depastus est eam. Deus virtutum convertere; respice de caelo et vide, et visita vineam istam". Dieser Vers ist sowohl im Utrechtpsalter als auch im Stuttgarter Psalter illustriert und zwar durch einen Eber, welcher am Weinstock zerrt und beisst (Fig. 11), im Utrechtpsalter ist noch ein anderes Thier (ferus singularis) daneben vorhanden. Die vier Ausdrücke innerhalb des Verses: „des Zerstörens, des Fressens, des Ebers und des ferus singularis" verursachten verschiedene Abwandelungen. Besonders genehm war dem 12. Jahrhundert der „ferus singularis", der

Fig. 11. Ps. LXXIX v. 14. (Stuttgarter Psalter.)

durch eine beliebige Drachengestalt wiedergegeben werden konnte; das „depastus est" wurde ausgedrückt durch das Fressen von den Früchten und Blättern, das „exterminavit" durch das Aufwühlen oder Abbeissen von der Wurzel. In der Gattung der Pflanze blieb man nicht streng beim Weinstock stehen. Im Hildesheimer Psalter ist zum Psalm LXXIX ein anderer Vers zur Hauptdarstellung gewählt, doch ist in untergeordneter Weise auch Vers 14 berücksichtigt durch zwei Pflanzen, die rechts und links stehen und neben denen von beiden Seiten aspisartige Ungeheuer heraneilen (Fig. 12).

Schon 1843 wurde im Bulletin Monumental (Ser. I Vol. VIII S. 489) auf die Deutung vieler Portalsculpturen nach diesem Psalmvers hingewiesen; durch die Psalterbilder findet dies directe Bestätigung. Das Tympanon der Kirche von Héronville (Calvados) wird

durch zwei Ungeheuer geschmückt, die am Fuss einer Pflanze nagen
(Bull. Mon. ebendas.). In St. Jacob in Regensburg werden die vier
Seiten eines Kapitells durch je zwei Thiere gebildet, die gestaltet
wie ein Schwein, das in Schlangenkörper ausläuft, gemeinsam mit
scharfen Zähnen eine kleine Pflanze dicht über der Wurzel packen.
Die Portallünetten in Marigny und in Colleville (Calvados, Bull. Mon.
ebendas.) zeigen die Ungeheuer, wie sie von den Blättern des Baumes
in ihrer Mitte fressen. Ebenso reissen die aspisartigen Thiere der
Portallünette in Dinton in Buckinghamshire (Archaeologia X S. 167)

Fig. 12. Ps. LXXIX v. 6.

sich die runden Früchte eines Baumes ab, und die Inschrift darunter
(siehe weiter unten bei Portalsculpturen) zeigt an, dass eine geläufige
Allegorie beabsichtigt ist, und es sich nicht um ein blosses Ornament
handelt, wenn auch die meist symmetrische Darstellung zweier Thiere
zu den Seiten eines Mittelbaumes, also die äussere Einkleidung, auf
orientalischen Teppichvorbildern beruhen wird. Ein derartiges symme-
trisches Tympanon zeigt z. B. die Katharinenkirche in Braunschweig
aus der Zeit Heinrichs des Löwen. Eine blüthenreiche symmetrische
Ranke, halb aus Wein-, halb aus Akanthusblättern füllt die Halb-
kreisfläche. Am Fusse sitzt rechts ein Löwe, links eine Aspis oder

Drache, sie legen die Tatze auf die Wurzel und beissen mit auf-
gerichtetem Kopf die unterste Blüthe ab. Aehnlich sind die Tym-
panen in Alsleben in der Provinz Sachsen, wo ein Löwe und ein
Drache auf eine Palme eindringen[1]) und an St. Godehard in Hildesheim[2]). Dass man gern Löwe und Drachen oder Aspis für die zer-
störenden Thiere erwählte, ist leicht verständlich, da sie es gerade
sind, die Christus als Sieger zu Boden tritt nach Psalm 90 v. 13.

Fig. 13. Ps. XXVII v. 7.

In Weinreben oder andern Ranken bietet die mittelalterliche
Kirchensculptur ausser den Vögeln vielfach nackte oder bekleidete
menschliche Gestalten, die in den Windungen der Zweige stehen
oder klettern. Das entsprechende Bild hierfür im Psalter findet sich
als Initiale zum Ps. XXVII, und danebengeschrieben sind die Worte
des 7. Verses „et refloruit caro mea (Fig. 13). Durch ein dichtes

---

[1]) Abb. in d. Bau- und Kunstdkm. d. Prov. Sachsen, Heft XIX, S. 8.
[2]) Mithoff, Kunstdkm. in Hannover. Bd. III, Taf. V.

Gewirr blattreicher Ranken steigt eine nackte menschliche Gestalt, hält in der Linken eine Blüthe und zeigt mit der Rechten hinauf, wo über den Ranken Gott thront mit segnender Rechten und mit dem Buch in der Linken. Wie die Vögel in den Zweigen also ein Bild der Seele des Gerechten sind, bedeuten die menschlichen Gestalten darin das Wiederaufblühen des Fleisches, die Errettung vom Tode, gleichbedeutend mit der Errettung vom Bösen.

Durch einen Baum, in dem nackte oder nur mit Schurz bekleidete Menschen stehen, ist geradezu das Paradies dargestellt wie auf dem Fussboden der Kathedrale von Otranto[1]), und eine Blume in der Hand deutet zuweilen schon allein das „refloruit" an, wie im Psalter des Hermann von Thüringen ca. 1200, wo die Fürsten, die schon im Himmel weilen, eine Blüthe in der Hand tragen, während auf demselben Bild Abraham im Paradiese dargestellt ist nach dem Psalmvers: „justus ut palma florebit" und wirklich in einen Baum auswächst.

Das Kapitell aus der Abtei De la Daurade in Toulouse, welches auf der einen Seite den Aspisreiter und den Aspisbeschwörer brachte, zeigt auf der zweiten und dritten Seite Menschen, welche von Bären und andern wilden Thieren bedroht werden, auf der vierten dagegen die Errettung im Bilde zweier nackter Menschen in Rankenwindungen, an denen sie sich halten[2]).

In Monreale hat ein Kapitell mit zwei Greifen, die einen Mann und ein Lamm in den Krallen halten, ein zweites zum Nachbarn mit traubenpflückenden nackten Männern in Ranken. Also das Bild des bedrohten neben dem des geretteten Menschen.

In der Sakristei des Domes von Ferrara ist ein Relief des 12. Jahrhunderts, vermuthlich der Theil einer Kanzel, eingemauert. Fast die ganze Fläche wird von einer Weinrebe mit zahlreichen Trauben eingenommen. Vögel picken davon und kleine, diesmal bekleidete Männer sitzen in den Ranken und schneiden die Früchte ab, während andere unten schon mit dem Keltern beginnen. Abgesehen davon, dass schon das Klettern der Menschen in den Ranken gegen eine einfach natürliche Weinernte spricht, zeigen weitere Beisätze deutlich die Symbolik. Am Fuss der Rebe windet sich eine grosse Schlange neben einer Kröte, während eine kleine Schlange den Versuch macht, an der Ranke emporzuklettern. Daneben aber

---

[1]) Schultz, Denkm. von Unteritalien. Taf. XLV.
[2]) Gipsabguss No. 1212 bis im Mus. de Sculpt. Comp. in Paris.

steht ein Bogenschütze und zielt nach einem der Vögel. Unten also
die Sünde, in den Ranken aber findet man die Erlösung.

An einem Kapitell des 12. Jahrhunderts, ebenfalls aus der
Abbaye de la Toulouse, jetzt im dortigen Augustinermuseum, sieht
man eine Menge kleiner Menschen, theils nackt, theils mit kurzem
Rock bekleidet, in Ranken klettern und von den Trauben pflücken
und essen, dazwischen zahlreiche pickende Vögel. Zu unterst beisst
rechts und links ein Löwe auf die Ranken als Bild dessen, vor dem
Seele und Leib des Menschen gerettet sind. Gab doch der Psalmvers XXI, 22 „salva me ex ore leonis“ genügenden Grund dazu,

Fig. 14. Ps. LXXIII v. 14.

und klingt an diesen Psalmvers wiederum deutlich die Inschrift an:
„de ore leonis libera me“, welche sich im Dom zu Pisa unter einer
menschlichen Figur befindet, die von Löwen überfallen wird[1]).

Die Löwen boten stets eine grosse Schwierigkeit in der sym-
bolischen Auslegung, da sie in den vielen Psalmstellen, an denen sie
genannt werden, und ebenso in den bildlichen Darstellungen zuweilen
Christus und seine Diener, zuweilen den Teufel zu vertreten scheinen.
Und diese Doppeldeutung ist auch wirklich vorhanden, denn das
Einheitliche in dem Bild des Löwen ist der Begriff der Macht; diese
Macht aber kann sowohl diejenige Gottes als auch die des Teufels

---

[1]) Vgl. Selvatico, Scritti d'arte S. 116. Florenz 1859.

sein. Im Orient war das Bild des Königs der Thiere mit und ohne
Beute ausserordentlich beliebt. Als er in die christliche Symbolik
eintrat, war es als Zeichen der Macht und Gewalt. Schon im
10. Jahrhundert wird ein Pallium erwähnt, „cum leonum imaginibus, in
quo erat scriptum inter leones Graecis litteris *ΧΡΙΣΤΟΣ ΔΕΣΠΟΤΗΣ*"[1]),
andrerseits finden sich Beispiele genug, wo der Löwe auftritt als der,
welcher die Schwachen und Irrenden zerreisst. Welcher Seite wir
ihn zuzurechnen haben, wird daher immer nur nach den Umständen
zu bestimmen sein, stets aber repräsentiert er die wachende oder aus-
übende Macht.

Fig. 15.   Ps. CXVIII Tan v. 176.

Neben den Löwen ist der Mensch aber der Gewalt vieler anderer
Thiere ausgesetzt, und gerade die Bedrängniss durch solche ist ein
beliebter Gegenstand der Schilderungen und findet sich auch häufig
in den Initialen unserer Handschrift, zum Beispiel vor Ps. LXXIII:
ein Mensch ist von einem Ungeheuer in der Art der vorher
beschriebenen Aspis zu Boden gedrückt. Christus schlägt dem
Thier mit einem grossen Hammer auf den Kopf. Der erklärende
Vers 14 steht daneben: „tu confregisti capita draconis".
(Fig. 14.)

---

[1]) Francisque-Michel, Recherches sur le commerce etc. des étoffes de soie ..
pendant le moyenage. Paris 1852/4, Bd. I, S. 16 Anm.

Ferner vor Psalm CXVIII Tau, welcher den Vers 176 „erravi sicut ovis quae periit“ zur Illustration bietet und in seiner Initiale einen Wolf mit Lamm im Rachen bringt (Fig. 15).

Man wird durch diese beiden Bilder an die Kirchenportale erinnert mit Darstellungen wilder Thiere, die ein Lamm zerreissen oder einen Menschen unter den Klauen haben[1]).

Die Initiale des 69. Psalmes illustriert den 5. Vers: „deus in adjutorium meum intende“ durch einen Menschen, der zur Hälfte von einem aspisartigen Ungeheuer verschluckt ist,

Fig. 16. Ps. LXIX v. 5.

durch Christus aber von oben herausgezogen wird (Fig. 16). Dieses Bild ruft uns die ausserordentlich häufigen ähnlichen Darstellungen an

---

[1]) Hierzu kann man einen byzantinischen Sarkophag des 11. Jahrh. aus Kutayah anführen (Gaühabaud, Revue Archéologique I 1844, S. 320 u. Taf. V), welcher auf der Längsseite vier Bogenfelder zeigt. Davon schmücken die beiden äusseren ein Kreuz, die beiden inneren eine figürliche Darstellung, und zwar links der Löwe, welcher ein Lamm zu Boden drückt, rechts ein aufwärtsfliegender Adler. Diesem ähnlich zeigt der Hildesheimer Psalter ebenfalls eine Initiale zu Ps. CII (vgl. Fig. 34 und d. Beschreibung der Initialen unten). Würde man unter die beiden Sarkophagbilder die Psalmverse schreiben, welche den entsprechenden Bildern unseres Psalters beigesetzt sind, so hätte man eine passende Grabschrift:

   „Erravi sicut ovis quae periit“ (Ps. CXVIII. 176)

   „Renovabitur ut aquilae juventus tua“ (Ps. CII. 5).

Fig. 17. Pfeiler der Krypta in Freising (nach Sighart).

Kapitellen und besonders an Portalen ins Gedächtniss, in denen der bereits zur Hälfte verschlungene Mensch durch einen auf das Thier eindringenden Ritter gerettet wird. Es ist dies also das Bild einer Anrufung der Hülfe Gottes in der Noth[1]).

Ein Deutsches Sculpturwerk, welches auf dieser Art der Psalmenillustration beruht und besonders auch das letzgenannte Bild verwendet, ist der bekannte Pfeiler der Krypta des Freisinger Domes, auf dem der Hochaltar der Kirche lastet[2]) (Fig. 17). Nicht altgermanischer Sagenstoff ist dort zur Geltung gebracht, wie ältere Deutungen ihn zu finden glaubten, sondern auch ihm liegen Psalmverse zu Grunde. Die reiche Sculptur, welche den ganzen Pfeiler überzieht, zeigt vier Männer im Kampf mit Ungeheuern, und zwar ist Einer bereits zur Hälfte verschluckt, ein Zweiter wird von einem andern Drachen mit den Tatzen gepackt, während die beiden übrigen Kämpfer mit dem Schwert auf die Thiere eindringen, um die Bedrohten zu retten. Dass der eine der rettenden Männer von oben auf das Unthier niederstösst, ist nicht etwa so aufzufassen, als schwebte er herab, sondern diese Stellung ist nur eine Folge des Raummangels, mit dem der Steinmetz sich nicht anders abzufinden wusste. Es ist also eine Doppeldarstellung der vorher angeführten Scene: „deus in adjutorium meum intende", die hauptsächlich der Symmetrie halber zweimal gegeben ist, denn die Gruppen entsprechen sich nach beiden Seiten hin. Es handelt sich demnach wohl auch hier um die Anrufung der Hülfe Gottes. Während diese Kämpfe die dem Altar der Krypta abgewandten Seiten schmücken, zeigt die Altarseite des Pfeilers oben eine menschliche Halbfigur mit einem Zweig mit grosser Blume in der linken Hand. Das an den Seiten in langen Locken herabhängende Haar kann den Glauben wecken, dass eine Frau dargestellt ist, doch ist die Gestalt sonst keineswegs als solche characterisiert. Den Raum unterhalb dieser Halbfigur nehmen ein grosses Schild und ein Schwert ein. Alles dies wiederholt sich in den Initialen unseres Psalters. Eine Gestallt mit Blume in der Hand, wenn auch nackt, stellte im Psalm XXVII den Vers dar „et refloruit caro mea" (Fig. 13). Hier tritt das lange Haar noch hinzu als

---

[1]) Darstellung in der Wartburg, Kapitell und Portallünette. — Portallünetten in Straubing und Altenstädt in Baiern (Sighart S. 186 u. 181). — Kapitell im Dom zu Basel. — In Tollevast (Cherbourg), an einem Gewölbeansatz tödtet Christus mit Schwert eine Schlange, die einen Menschen vollständig umwunden hat (Bull. Mon. Ser. I, Bd. 8, S. 129).

[2]) Vgl. Sighart, Gesch. d. bild. K. in Baiern, S. 181 ff.

Kennzeichen des blühenden Menschen. Ein Schild und Schwert aber bilden die Initiale zum Psalm XXXIV, 2 „Apprehende arma et

scutum et exsurge in adjutorium mihi" (Fig. 18). Schwert und Schild dienten zum Bilde Gottes als adjutor (Schwert) und protector (Schild), wie es mehrfach ähnlich in andern Psalmen (XLV, 2) vorkommt und in der Stelle Deuteron. Cap. XXXIII v. 29.

Bei Zusammenstellung dieser verschiedenen an dem Pfeiler verwandten Psalmworte wird man auf Psalm XXVII v. 6—8 hingewiesen.

„Benedictus Dominus, quoniam exaudivit vocem deprecationis meae.

Dominus adjutor meus et protector meus; in ipse speravit cor meum, et adjutus sum.

Et refloruit caro mea; et ex voluntate mea confitebor ei."

Diese für den Grundpfeiler einer Kirche durchaus passende Stelle wird dem Bildhauer den Gegenstand der Darstellung geboten haben. Das Bild der Gefahr und des Hilferufs schmückten die dem Altar abgewandte Seite, die Zeichen der helfenden Macht Gottes und des geretteten Menschen die Altarseite.

Fig. 18.   Ps. XXXIV v. 2.

———

Etwas ausführlicher ist ein ähnlicher Gedanke im Chorumgang des Basler Münsters ausgesponnen. Dort stehen im Halbkreis oben hinter dem Altar vier Säulen mit reich geschmückten Kapitellen. Die Darstellungen scheinen wirr durcheinander, halb phantastisch, halb biblisch. Im Anschluss aber an die bereits erklärten Sculpturen ergiebt sich deutlich der Zusammenhang der einzelnen Scenen, die in der Richtung von Norden nach Süden betrachtet werden müssen[1]).

———

[1]) Diese Kapitelle sind schon in Cahier Nouv. Mélanges d'Archéologie Bd. I, behandelt, doch nicht in dem richtigen Zusammenhang unter einander und auch

Die Reihenfolge der Reliefs ist die folgende:

1. Kapitell: a) König Alexander in seinem Greifenwagen.
   b) Der Sündenfall.
   c) Adam und Eva schämen sich vor Gott.
   d) Die Vertreibung aus dem Paradies.

2. Kapitell: a) Ein Ritter in Kettenpanzer kämpft gegen zwei Bären, deren einer bereits getödtet ist. Rechts neben dem Bären ein Fisch.
   b) Ein Ritter kämpft gegen zwei Stiere, von denen einer schon erlegt ist.
   c) Ein Ritter kämpft gegen zwei Löwen, die noch beide auf ihn eindringen.
   d) Ein Ritter kämpft gegen einen Drachen, aus dessen Rachen er einen halbverschlungenen Genossen herauszieht.

3. Kapitell: a) Thisbe hat sich auf einen Baum geflüchtet und Pyramus begegnet dem Löwen mit ihrem Tuch im Maul.
   b) Pyramus tödtet den Löwen.
   c) Pyramus hat sich mit dem Schwert durchbohrt, und Thisbe findet ihn.
   d) Thisbe stürzt sich in dasselbe Schwert und liegt in Umarmung über Pyramus.

4. Kapitell: a) Die Opferung Isaak's.
   b) Abraham im Paradiese thronend, zwei Engel halten in seinem Schooss ein Tuch mit drei kleinen menschlichen Gestalten.
   c) Das Gesicht eines bärtigen Mannes wird von zwei grossen Drachen mit Maul und Krallen zerfleischt.
   d) Einem gleichen Mann dringen die Drachen zu den Ohren hinein und zum Munde wieder heraus.

Die Darstellung Alexander's in dem Greifenwagen, wie sie sich am ersten Kapitell befindet, ist keine ganz seltene. Der König sitzt in reicher Tracht in einer muschelförmigen Schale und hält in jeder Hand eine Stange, auf der sich oben eine Lockspeise für die Greifen befindet. Ihr wenden sich die beiden Thiere zu, die symmetrisch an jeder Seite angeschirrt sind, und in dem Bestreben, die Speise zu erhaschen, den Wagen in die Lüfte tragen. So begegnen wir dem Vorgange auch am Kämpfergesims im Freiburger Dom[1]), am Portal

---

mit nur theilweise richtiger Deutung. Sie sind dort sämmtlich abgebildet und zwar Kapitell 1 auf S. 165/6, Kap. 2 auf S. 231, Kap. 3 auf S. 228 und Kap. 4 auf S. 166/7.

[1]) Abb. bei Moller, Dkm. deutscher Baukunst, Bd. II, Taf. XIX.

in Remagen[1]), an einem Elfenbeinkasten des Darmstädter Museums,
an der Mauer von San Marco in Venedig[2]) und endlich in mittelalterlichen Handschriften, in denen die Alexandersage behandelt wird.
Aus dem Text der Handschriften erfahren wir auch die Bedeutung.
So heisst es in der Weltchronik des Rudolf von Ems (Cassel, Lan-
desbibl. Ms. theol. fol. 4) neben dem betreffenden Bild:

> Alexander wo wiltu hin
> du hast nyndert rechten sin
> wil du wider dy gothait
> streben daz wirt dir lait
> In den himel chumt niemant
> wan der ez verdienen chan
> da von dein varn mir unmar
> vil tumber allexander.

Der im Greifenwagen fahrende Alexander vertritt also das
Streben wider die Gottheit, den Versuch, unberechtigt in den Himmel
einzudringen, die sündhafte Neugierde, etwas kennen zu lernen, was
nicht für ihn bestimmt ist, also gerade das, was auch das erste
Menschenpaar zur Sünde trieb. So ist der Darstellungskreis des
ersten Kapitells das Bild des sündhaften Strebens nach Unerlaubtem,
der daraus folgende Sündenfall und die Vertreibung aus dem Paradiese.

Das zweite Kapitell schildert nun den Kampf der der Macht
der Sünde verfallenen Menschheit und ihren Ruf um Hülfe. Vier
ganz parallele Vorgänge vertreten denselben Gedanken, nur die
wilden Thiere wechseln. Das Relief d stimmt mit den andern, die
wir schon als Illustration des Rufes „deus, in adjutorium meum intende" kennen lernten, und der Fisch in a vertritt vermuthlich den
Gläubigen, den die Bären verzehren wollten.

Endlich tritt die Erlösung ein auf dem dritten Kapitell und
zwar durch den Opfertod Christi. Aber wir sehen nicht etwa die
Kreuzigung, sondern das wirkliche Ereigniss ist wiederum nur in
einem Bilde dargestellt, das erst die Deutung verlangte. In der
Geschichte von Pyramus und Thisbe sollte man die Parallele schauen
zur Liebe Christi zur Menschheit, der er sein eigenes Leben zum
Opfer brachte. Wir haben in mittelalterlichen Schriftquellen dafür
den Beleg. In den Gesta Romanorum[3]) heisst es nach der Erzählung
der Tragödie von Pyramus und Thisbe: „Iste juvenis est dei filius

---

[1]) Abb. bei Aus'm Weerth, Kdkm. der Rheinlande, Bildnerei Taf. LII, Fig. 8.
[2]) Abb. bei Bayet, L'art byzantin, S. 189.
[3]) ed. Oesterley, Berlin 1872, S. 634.

qui videns genus humanum sanguinolentem et maculatum a leone id
est diabolo, qui hominem tenebat more id est potestate . . . . . Hic
filius dei compatiens homini veniens in mundum fecit se necari, ut
postea quelibet fidelis anima se mortificat jejuniis et bonis operibus
ipsum diligendo.“ Der Verfasser des Basler Bildercyclus bleibt also
vollständig in seinem Bilde, wenn er die Bedrohung der Menschen
durch die Sünde oder den Teufel auf dem einen Kapitelle durch den
Angriff der Löwen und anderer wilden Thiere und dann die Erlösung
durch das Gleichniss des Pyramus zeigt.

Das vierte Kapitell endlich bringt den Schluss, den Eingang
der Geretteten in das Paradies. Dort ruhen die Seelen, dargestellt
durch kleine Menschengestalten, in Abraham's Schooss. Um den
Uebergang fliessend zu gestalten, hat der Bildhauer zunächst die
Opferung Isaak's angebracht, die einerseits als ein bekannter Typus
für den Opfertod Christi die Bedeutung des vorhergehenden Kapitells
noch einmal nachklingen liess, andererseits die Repräsentation des
Paradieses durch Abraham vorbereitete. Die beiden anderen Seiten
des letzten Kapitells zeigen im Gegensatz zum Paradies das Loos
der Verdammten, die Peinigungen der Hölle.

Dieser Cyclus ist wieder ein klares Beispiel, wie sehr es das
12. Jahrhundert liebte, denn dieser Zeit gehören auch die Basler
Sculpturen an, das Mysterium der Sünde und der Erlösung des Menschen in Bilder einzukleiden, die dem Beschauer jetzt leicht als blos
phantastische oder genrehafte Ausschmückungen erscheinen mögen.

Auch auf die kirchlichen Gebrauchsgegenstände erstreckte sich
eine solche Illustrationsweise. Anton Springer hat zum Beispiel die
romanischen Altarleuchter in Bezug auf ihre Symbolik einer Betrachtung unterzogen[1]). Springer trifft im grossen Ganzen offenbar das
Richtige, wenn er in dem Leuchterschmuck den Sieg des Lichtes
über die Finsterniss, den Triumph Christi über das Böse sieht. Dies
fällt auch häufig zusammen mit einer Versinnlichung des Paradieses,
des himmlischen Jerusalem; so zeigt ein romanischer Leuchter in
Münchener Privatbesitz an mittlerer Höhe des Fusses geradezu die
Stadtmauer mit Zinnen, wie sie sich an den Kronleuchtern der Zeit
findet, die ja deutlich Bilder der Himmelsstadt sein wollen. Zu weit
aber geht Springer, wie ich glaube, wenn er auch in den Männern,
die auf Drachen und Löwen reiten und ihnen häufig die Hand ins

---

[1]) Ikonographische Studien in den Mitth. d. Central-Commission z. Erfor-
schung d. österr. Kdkm. Bd. V, S. 309.

Maul legen, Vertreter des paradiesischen Zustandes erblickt nach der Stelle im Isaias XI „et delectabitur infans ab ubere super foramine aspidis; et in caverna reguli qui ablactatus fuerit manum suam mittet“. Auch den Umstand, dass die Ungeheuer oftmals in die Ranken des Ornamentes beissen, als Zeichen anzusehen, dass sie ihre wilde Natur verloren haben und sich von Pflanzen nähren, ist mir selbst nach Anführung einer Reihe von Schriftstellen nicht recht einleuchtend.

Zu den Hauptmotiven, die sich häufig an den Leuchtern wieder-holen, zählt Springer auch die Kämpfe von Drachen und Menschen und erwähnt Darstellungen wie auf dem Leuchter von Gloucester, wo ein Mann sein Schwert in den Rachen des Ungeheuers stösst. Sind dies aber deutlich Kampfscenen, wie wir ihnen in der Symbolik der Zeit häufig begegneten, und wie sie nicht einfach in eine Schil-derung des Paradieses passen, so suchen wir auch für die Drachen-reiter nach ähnlichen Vorstellungen, und da bietet sich die Psalter-illustration, die bereits oben behandelt ist[1]), das Bild zu Ps. LVII von der Leidenschaft, die einer Aspis gleich den Menschen davon trägt. Es läge also auch hier ein Bild des Kampfes mit der Sünde vor und zwar eines Kampfes, bei dem die Sünde noch die Herrscherin und noch nicht gebändigt ist. Es passt dies auch besser gerade für den Fuss des Leuchters und ordnet sich leichter in den Darstellungs-kreis der meisten Lichtträger ein. Bei dem Leuchterfuss des Prager Domes sind die Drachenreiter zugleich noch von Löwen bedroht, die mit geöffnetem Maul von unten auf sie zuspringen und sie mit der Tatze ergreifen; das spricht vollständig gegen einen friedlichen Character.

Ein Beispiel klaren Aufbaues geben die beiden in der Magda-lenenkirche in Hildesheim aufbewahrten Bernwardsleuchter, die zu den frühesten und schönsten Vertretern des romanischen Leuchter-schmuckes gehören. Der Fuss eines jeden besteht aus drei Drachen-reitern, unbekleideten, bärtigen Männern, die ihren Blick hinauf zum Licht gerichtet haben. Sie sind noch in der Gewalt der Leidenschaft, aber streben nach Erlösung. Am Schaft des Leuchters sehen wir sie auf dem Wege dazu; eine Weinranke windet sich bis zum Lichtteller empor und in ihr klettern zwei Männer in deutlich erkennbarer stei-gender Bewegung empor. Es bringt uns das Psalterbild in Erinne-rung: „Caro mea refloruit“ (Fig. 13), und wie auch an andern Denk-

---

[1]) Siehe S. 53 ff. und Fig. 3.

mälern (vgl. S. 65) stehen am Fuss der Ranke zwei Löwen, vor denen die Steigenden zu fliehen scheinen. In der Gestalt zweier Vögel, die von den Trauben picken, sehen wir dann die geretteten Seelen an dem Theil des Schaftes oberhalb des Mittelknaufes und vielleicht auch in den drei menschlichen Köpfen in den Ranken des obersten Knaufes unter dem Lichtteller. Die Befreiung des Menschen von der Sünde, der Weg von der Finsterniss zum Licht wird ja auch betont in dem Verse des Leuchters von Gloucester:

> Lucis onus virtutis opus doctrina refulgens
> Predicat ut vicio non tenebretur homo[1]).

Vorwiegend an Kirchenportalen findet im 12. Jahrhundert diese Art von Bildwerk eine Stätte. Das Portal war die Grenzscheide zwischen der Welt und der Kirche, zwischen dem Tummelplatz der Sünde und dem Hause Gottes, und so ist auch sein Bilderschmuck doppelten Characters, je nachdem er seine Beziehungen nach innen oder nach aussen sucht. Dem Draussenstehenden wurde entweder das Bild Christi gezeigt, durch welchen dem Gläubigen, wenn er eintrat, die Erlösung winkte, oder ihm wurden die Schrecken der Welt vorgeführt, die Nachstellungen des Bösen, vor denen es nur eine Rettung giebt, den Eintritt in die Kirche.

Zur ersten Gruppe gehört zum Beispiel: Das Portal der Klosterkirche von Alpirsbach in Württemberg. Die Lünette zeigt den auf dem Regenbogen thronenden Christus, das Buch in der Linken, die Rechte segnend erhoben, umgeben von der Mandorla mit zwei Engeln. Stifter und Stifterin knien an den Seiten. Eine Umschrift des Feldes lautet: „Ego sum ostium, dicit Dominus, per me si quis introierit salvabitur"; ferner fällt in diese Gruppe das Portal des Doms zu Worms: Die Majestas Domini zwischen Heiligen und einem knieenden Bischof. Im Buche Christi stehen die Worte: „Ego sum via, veritas et vita." Oder Christus ermuthigt den Eintretenden einfach durch die Worte „Euge serve bone" aus dem Gleichniss vom getreuen Knecht (Matthäus XXV, 21) wie in der

---

[1]) Abb. des Leuchters von Gloucester bei Cahier u. Martin Mél. d'Arch. IV, Taf. 32 u. 33. Während Martin in den Abhandlungen von Bd. I und IV die Darstellungen noch auf die nordische Mythologie zurückführen möchte, sieht Cahier im I. Band der Nouveaux Mélanges S. 216 darin schon den Kampf des Lichtes und der Finsterniss, ohne jedoch es schärfer zu fassen.

Kirche von Lachem bei Hameln[1]), wobei offenbar die Schlussworte des Verses zu ergänzen sind: „intra in gaudium Domini tui".

Dann findet sich, besonders an französischen Kirchen, Christus häufig umgeben von den Evangelistensymbolen, oder wie an der Kirche zu Cadalen (Bull. Mon. Ser. III vol. VII S. 258) nur durch sein Monogramm angedeutet zwischen A und Ω oder häufig nur durch ein einfaches Kreuz oder durch eine Inschrift wie: „Praesidet his portis qui tollit vincula mortis" an der Kirche von Wunstorf[2]).

Der Gedanke, dass Christus die Schwelle und der Weg zur Erlösung ist, wird ferner verbildlicht durch den Crucifixus wie in der Portallünette der Johanniskirche in Schwäbisch-Gmünd. Dafür tritt häufig das Kreuzeslamm ein, so am Südportal der Kirche von Tetsworth bei Oxford (Archaeologia XXXV S. 487), an der Kirche von Hornburg in der Provinz Sachsen, ferner in Dornstedt und Ober-Röblingen ebendort[3]), und zwar das erste Mal mit dem darauf hinweisenden Johannes dem Täufer, das andere Mal nur mit einem Arm, der aus der seitlichen Ecke des Tympanons auf das Lamm deutet, also auch gleichsam die Worte ausspricht: „Ecce agnus dei, qui tollit peccata mundi". An der Capelle St. Vincent in Digne sind an jeder Seite des Lammes Engel mit Weihrauchfässern aufgestellt[4]).

Wie durch Christus die Sünde und der Tod besiegt werden, zeigt auch das Portal der Kirche von Queenington in Gloucestershire (Archaeologia X S. 129), wo Christus in der Vorhölle über den gefesselten Teufel hinwegschreitet, oder wo er Löwe und Drachen, Aspis und Basilisk zertritt, wie am Portal zu Isen in Baiern (Sighart S. 181) oder in Amiens und Chartres (Bull. Mon. Ser. II vol. I S. 157 und 164), und selbst dort, wo die Geburt Christi mit der Waschung, der Anbetung der Hirten und der drei Könige dargestellt ist, wie am Giebelfeld der Kirche von Trau in Dalmatien, legt die Inschrift den Nachdruck auf die Befreiung von der Sünde:

In stitis involvit virgo qui crimina solvit,
Mergitur in conca deluit qui scelera cuncta[5]).

Für Christus als Befreier von der Sünde tritt zuweilen ein Vertreter ein, wie Simson, den Löwen zerreissend, an der Portal-

---

[1]) Abb. bei Mithoff, Kunstdkm. in Hannover I, Taf. IV.
[2]) Abb. ebend. Bd. I, S. 189.
[3]) Abb. in Bau- und Kunstdenkm. d. Prov. Sachsen, Heft XIX, S 281, 52, 327.
[4]) Mémoires de la Soc. Nat. des Antiquaires de France, Bd. XLIII, 1882, S. 184.
[5]) Abb. bei Eitelberger im Jahrb. d. Oesterr. Central-Commission, Bd. V.

lünette der Kirche von Chef-Du-Pont (Bull. Mon. Ser. IV vol. VI S. 557) und am Thürsturz der Collegiatskirche in Nivelles, jetzt im Museum zu Namur, wo zur Seite noch andere Scenen aus Simson's Leben hinzugefügt sind, oder auch St. Georg, der den Drachen tödtet, wie in Ruardeau in Gloucestershire[1]). Manchmal genügt auch ein einfaches Symbol Christi, wie der Weinstock an einem Tympanon der Pieve in Arezzo, oder wie die Fische am Portal zu Pfützenthal in der Provinz Sachsen[2]).

In all' diesen Bildwerken ist Christus gleichsam das Schild der Kirche, durch ihn werden Alle, welche die Kirche betreten, von der Sünde befreit und gerettet, und wo sich Inschriften finden, deuten auch diese immer auf die Erlösung von der Sünde und vom Tode.

Im Gegensatz zu dieser Gruppe steht die zweite, welche die Gefahren der Welt ausmalt, vor denen die Kirche eine Zuflucht bietet, und gerade diese Gruppe gab mannigfache Gelegenheit zur Anbringung der Psalmengleichnisse.

Zunächst sind hierher zu rechnen die Bogenschützen und bogenschiessenden Centauren wie in Göcking in Baiern (nach dem guten Hirten schiessend), in Sceaux (einen Vogel verfolgend, Bull. Mon. Ser. IV Vol. II S. 407), in Urville (einen Hirsch schiessend), in Stoke sub Hamdon in England (nach einem Löwen schiessend, der Kreuzeslamm und Baum mit Vögeln hütet).

Dann die Löwen, welche einen Menschen oder ein zahmes Thier im Maul oder unter den Klauen halten, wie sie besonders häufig am Fusse der Pfeiler und Säulen des Portals sich finden, z. B. am Dom zu Trient (Lamm in den Krallen), in St. Zeno bei Reichenhall (Mann zwischen den Tatzen), und in Speier (Mann im Rachen)[3], oft auch an den Enden des Thürsturzes unter den Bogenanfängen wie an den älteren Kirchen in Pistoia. Zuweilen sind es auch nur brüllende Löwen ohne Beute, oder sie bilden Darstellungen, welche Daniel in der Löwengrube vorführen sollen oder jedenfalls auf diese Scene der altchristlichen Zeit zurückgehen, z. B. am Portalsturz der Kirche von Cambes bei Caen (Bull. Mon. Ser. IV Vol. VIII S. 68), an der Portallünette der Kirche von Tonnerre in der Bour-

---

[1]) Abb. bei John Hewitt, Ancient Armour & Weapons in Europe, 1854, S. 137.

[2]) Abb. in Bau- und Kunstdkm. d. Prov. Sachsen, Bd. XIX, S. 313.

[3]) Die letzten drei jetzt im Nationalmuseum in München.

gogne (Bull. Mon. Ser. II Vol. VIII S. 239), am Portalsturz in
St. Ambrogio in Mailand (wohl älter als 12. Jahrh.).

In solchen symmetrischen Bildwerken treten an Stelle der
Löwen auch Hunde, Rinder oder ähnliche Thiere. S. Ambrogio in
Mailand besitzt ein solches Kapitell, wo der bedrängte Jüngling in
jeder Hand ein Buch emporhält[1]); auch das Portal von St. Gilles
in Südfrankreich zeigt unter dem Fries evangelischer Scenen eine
Reihe einzelner Menschenköpfe, die von Stieren, Wölfen, Löwen
umgeben sind. Dafür mag der Psalm XXI von Bedeutung sein,
denn der Hildesheimer Psalter wählt aus ihm zur Illustration Vers 13
„circumdederunt me vituli multi, tauri pingues obsederunt me" (Taf. I).
In demselben Psalm stehen auch die Verse 14: „Aperuerunt super
me os suum sicut leo rapiens et rugiens", 17: „Circumdederunt me
canes multi", 22: „Salva me ex ore leonis", und um so wichtiger
werden diese Verse, weil der Psalm in directer Beziehung zum
Kirchengebäude steht in Folge von Vers 23: „In medio ecclesiae
laudabo te" und 26: „Apud te laus mea in ecclesia magna".

Ferner gehört hierher der Eber, welcher den Weinstock
vernichtet.

Mit Vorliebe wurde das aus dem entsprechenden Psalmvers
LXXIX, 14, hervorgegangene Bild an den Portallünetten angebracht
(Héronville, Marigny, Colleville, Dinton, siehe oben S. 61). In
Dinton ist darunter der Vers geschrieben:

> „Premia pro meritis si quis desp(er)et habenda
> Audiat hic precepta sibique sint retinenda."

„Wer daran verzweifelt, für seine Verdienste den Lohn zu ernten,
der höre hier (an dem Portal der Kirche) die Lehre und merke sie
sich." Die Lehre aber, die das Portalbild verkündet, wird durch
die Bekanntschaft mit dem zu Grunde liegenden Psalmverse ganz
klar: Wie das Ungeheuer die Früchte des göttlichen Baumes frisst
(singularis ferus depastus est vineam), so suchen die Bösen auch die
Verdienste der Guten zu schmälern. Das Vorbild sei ihnen ein
Trost, wenn sie den Lohn ihrer Tugend auf Erden nicht ernten,
die Kirche allein bietet ihnen dafür einen Ersatz.

Endlich das Ungeheuer, das einen Menschen zur Hälfte
verschlungen, und nun durch einen hinzutretenden Ritter bedroht
wird, wie an den Portallünetten von Straubing und Altenstaedt,

---

[1]) Abb. bei Heider etc., Mittelalt. Dkm. d. österr. Kaiserstaates II Taf. IV C.

findet als Darstellung der Worte „deus in adjutorium meum intende"
häufig Verwendung.

Ueberall herrscht derselbe Gedanke: Wie der Vogel und der
Hirsch vom Bogenschützen verfolgt, wie Lamm und Jüngling vom
Löwen zerrissen werden, wie die Pflanze vom Eber zerstört und ge-
fressen und der Mann vom Ungeheuer verschlungen wird, so wird
der Mensch überall vom Bösen heimgesucht und soll sich vor ihm
in die Kirche flüchten.

An vielen Portalen, besonders an grösseren, sehen wir nun
beide Illustrationsmotive vereinigt, an den Seiten die Gefahren der
Welt, im Tympanon oder darüber Christus als Erlöser vom Bösen.

Dieser Gedankenkreis, der uns aus den Bildern selbst entgegen-
spricht, wird durch die gleichzeitige Liturgie zur Einweihung der
Kirche bestätigt. In dem Haupthymnus der Feier „in dedicatione
ecclesiae", wie er sich in Handschriften des 10. bis 14. Jahrhunderts
findet, mit dem Anfang „Christe cunctorum dominator alme" heisst
es von dem Kirchengebäude:

> „Hic sacrosancti latices veternas
> diluunt culpas perimuntque noxas
> chrismate vero, genus ut creetur
> Xpi colorum.
> Hic salus aegris, medicina fessis,
> lumen orbatis, veniaque nostris
> fertur offensis, timor atque maeror
> pellitur omnis.
> Daemonis saeva perit hic rapina,
> pervicax monstrum pavet et retenta
> corpora linquens fugit in remotas
> otius umbras" etc. [1]).

Es wird hier also in den Worten genau dasselbe Bild gebraucht,
welches auch die Sculpturen zeigen, das Ungeheuer, welches den
schon ergriffenen Menschen wieder loslassen muss [2]).

Die wirren Gestaltungen mancher Portalsculptur des 12. Jahrh.,
besonders an kleineren Kirchen, wo die ungeschickte Hand des

---

[1]) Der Hymnus, welcher sich z. B. in Handschriften von St. Gallen findet,
ist bei Daniel, Thesaurus hymnologicus I, S. 107 unter den ambrosianischen
Hymnen abgedruckt.

[2]) Später wurde in den Portalsculpturen mehr Rücksicht auf die Lectionen
im Officium genommen und Adam und Eva, König Salomo und die Königin von
Saba als Vorbilder Christi und der Ecclesia dargestellt.

Bildhauers die Gebilde noch räthselhafter erscheinen lässt, finden ihre Erklärung, wenn man von den klargelegten Gedanken und den Bildern der Psalmensprache ausgeht.

Einige Beispiele seien hierfür angeführt:

Holtensen bei Hameln (Abb. bei Mithoff, Kunstdkm. in Hannover Bd. I, Taf. IV). Das Halbrund über der Thür zeigt ein wildes Thier, welches mit geöffnetem Mund auf einen nach oben gerichteten menschlichen Kopf eindringt. Rechts hinter dem Thier schlängelt sich eine Ranke mit Weintrauben. Unter dem Bild ist eine Bitte an die Jungfrau eingemeisselt:

„Ora pro nobis virgo maria tuis"

und gleichsam als Antwort steht im Halbkreis oben herum der gebräuchliche Satz:

„Ego sum hostium dicit dns. per me si quis introierit salvabitur".

Der durch das Thier bedrohte Kopf stellt den in Bedrängniss betenden Menschen dar, der Weinstock den Erlöser.

Lichtenwalde (Abb. bei Steche, Bau- und Kunstdkm. d. Königr. Sachsen, Heft VI). Ein gewaltiger Löwe, der fast das ganze Tympanon einnimmt, erhebt seine Tatze drohend nach einer Aspis oder einem Drachen, der ängstlich zurückschauend davonflieht. In seinem geringelten Schwanz trägt er einen Weinzweig mit Traube mit sich fort, während ein herabfliegender Vogel wie eine Taube davon zu picken versucht. Hier ist also der Weinstock, der die Nahrung des Gläubigen bildet, vom Bösen bedroht, und wird vom Löwen, der hier die Macht Christi vertritt, gerettet.

Mettlach (Abb. bei Aus'm Weerth, Kunstdkm. der Rheinlande, Bildnerei Taf. LXII, Fig. 2). Ein Mann mit Kreuz und Buch in den Händen steht zwischen einem Drachen, der einen Menschen bis zum Kopf verschlungen hat, und einem schiessenden Centauren. Zu den Seiten des Mannes also wieder die gebräuchlichen Symbole der Anfeindung vom Bösen und des Hülferufes des Bedrängten, er selbst aber hält das Kreuz und das Buch als Zeichen der Errettung.

Heiligenthal (Abb. in den Bau- und Kunstdkm. d. Prov. Sachsen, Bd. XIX, S. 248). Im Bogenfeld des Portals ist Christus angebracht, der grosse Kopf trägt den Kreuznimbus, die rechte Hand segnet, die linke hält ein Buch empor, der Körper aber ist in eine Quelle umgewandelt, die mit dem Halse beginnend sich in wellenförmigen Linien ausbreitet. Das Bild ist dem 1. Vers des 41. Psalmes entnommen: „Quemadmodum desiderat cervus ad fontes aquarum, ita desiderat anima mea ad te, Deus". Schon im frühesten Mittelalter bot dieser Vers Anlass zu bildlichen Darstellungen[1]) und ebenso in fast allen Psalterillustrationen unserer Gruppe, auch in der Hildesheimer Handschrift (Fig. 26 und Beschreibung unten bei Ps. 41). Auch der Thürsturz eines romanischen Portals in Werden zeigt als Sculptur einen Hirsch, der von einem Löwen verfolgt wird, und lechzend seine Zunge heraushängen lässt[2]). Am Portal zu Heiligenthal ist im Bilde nur der Begriff der Quelle beibehalten. Wie im Psalm der Sänger vom Feinde bedroht ist und sich nach der Quelle sehnt, so ist auch in den Sculpturen an den Seiten des Portals die Bedrängniss in den üblichen Symbolen deutlich wiedergegeben. Links wird ein Mann von einem Unthier angegriffen, sucht sich mit der Axt zu vertheidigen und erhebt die Linke flehend; symmetrisch dazu beisst rechts ein Thier, halb Schwein halb Schlange, einem Löwen in den Schwanz. Vielleicht waren dem Bildner auch die beiden Kapitelle über den Sculpturen der Seiten nicht rein decorativ. Es sind je ein Menschenantlitz, das auf Lilien ruht, also vielleicht eine Illustration des für die Rettung gebräuchlichen Psalmverses „et refloruit caro mea".

Schloss Tirol bei Meran. Die inneren Thürpfosten sind mit einem Palmzweig und einer Weinranke geschmückt, das Bogenfeld darüber mit Christus am Kreuz und zwei Männern, die im Begriff sind, ihn abzunehmen. Rund herum aber, an den Seiten und am äusseren Bogen hausen die bösen Gewalten. Links zu unterst der bogenschiessende Centaur, seinen Pfeil auf Christus richtend, darüber die Schlange des Paradieses, wie sie dem ersten Menschenpaar die Frucht reicht, und zu oberst der Löwe mit dem Lamm in seinen Klauen; doch da naht auch schon der Retter David und reisst dem Löwen den Rachen auf, um das Lamm zu befreien. Rechts zu unterst ein Ungeheuer, darüber ein noch schrecklicheres, das zwei Menschen zugleich gepackt hat und im Begriff ist, sie zu verzehren, zu oberst ein brüllender Löwe. Auch der äussere Bogen ist mit ungeheuerlichen Gestalten bedeckt, nur in der Mitte oben über Christus ragt isoliert die segnende Hand Gottes.

Weniger einfach ist schon das Portal zu Remagen am Rhein,

---

[1]) Der Hirsch an der Quelle in der Calixtkatakombe (Saec. IV), im Mausoleum der Galla Placidia in Ravenna (Saec. V), an der Cathedra des Maxentius in Ravenna (Saec. VI) etc., vgl. J. P. Richter, Die Mosaiken von Ravenna, Wien 1878, S. 28.

[2]) Abb. bei Aus'm Weerth, Kunstdenkmäler der Rheinlande, Bildnerei Taf. XXIX, 7.

über welches eine ausführliche Monographie besteht[1]), doch hat der
Erklärer noch nicht die Deutung aller Sculpturen richtig gefunden.

Das Portal ist von seinem alten Standort versetzt und die Anordnung der einzelnen Figuren ist nicht mehr die alte. Man hat die
ursprüngliche Aufstellung wiederherzurichten versucht, und in dieser
Form ist das Portal bei Aus'm Weerth abgebildet[2]).

Da ist nun der ganze Thürbogen aus lauter Fabelgebilden zusammengesetzt, auf die der Verfasser der Monographie sehr genau
eingeht, und zu spitzfindig die Bedeutung der Einzelheiten hervor-
sucht. Sie alle repräsentieren die Sünde, auf den drei Pfeilern aber
(es ist ein grosses Thor mit kleinem Nebenportal) ist diesmal der
Sieg des Guten dargestellt, auf dem einen Simson, welcher den Löwen
zerreisst, auf dem zweiten ein Ritter, der einen Drachen mit Men-
schenkopf zu Boden tritt und auf dem dritten ein Mann, der eine
Pflanze, ebenso gross wie er selbst, mit beiden Händen vor sich auf
der Erde hält. Braun glaubt in ihm Adam zu erkennen, doch ist
die Figur bekleidet und ist auch direct mit dem Pflanzen oder Ausreissen des Strauches beschäftigt. Für das Ausreissen, wie Aus'm
Weerth es annimmt, findet sich aber gar keine Erklärung, wir haben
es vielmehr mit einem Einsetzen zu thun und offenbar in der männlichen Gestalt Noah zu sehen, der den Weinstock pflanzt. Es liegt
dies gewiss nahe, da die bisherigen Erklärer in dem Relief unmittelbar darüber bereits Noah in der Arche erkannten. In sehr verein-
fachter Weise, wie aber auch schon bei altchristlichen Denkmälern,
ragt hier die Halbfigur Noahs aus einer Art Kufe hervor und erhebt
bittend die Hand. Es ist also das schon in frühchristlichen Darstellungen gebräuchliche Bild für den Ruf nach Erlösung, und die Antwort ist das Pflanzen des Weinstockes. Es ist dies das positive Gegenstück zu der Zerstörung des Weinstockes durch den Eber und
durch das wilde Thier, wie wir es zahlreich als Portaldarstellung
fanden, es ist die Illustrierung des Psalmverses LXXIX, 8, „Deus
virtutum, converte nos et ostende faciem Tuam; et salvi erimus.
Vineam de Aegypto transtulisti, ejecisti gentes, et plantasti eam" im
Gegensatz zu dem andern Vers desselben Psalmes „exterminavit eam
aper de silva etc." Der Thürsturz über dem Nebenthor giebt wieder, wie
die Ungeheuer auf dem Bogen über dem Hauptthor, ein Bild des sündi-
gen Verlangens unter der Form von König Alexander's Greifenfahrt[3]).

[1]) Braun, Das Portal zu Remagen, Bonn 1859.
[2]) a. a. O. Taf. LII, Fig. 8 mit Text Bd. I, S. 46.
[3]) Siehe über diese Darstellung oben S. 71.

Das Portal von St. Jacob in Regensburg[1]) (Taf. III).

Ein reichhaltiges Beispiel für diese Art des Portalschmuckes bietet die St. Jacobskirche in Regensburg, das Bauwerk der Schottenmönche. In der Lünette bildet den Mittelpunkt der Gesammt-Darstellung der segnende Christus zwischen St. Jacob und St. Johannes dem Täufer, den Patronen der Kirche.

Noch einmal thront Christus in der Mitte über dem Portal, umgeben von den 12 Aposteln und etwas tiefer zur Seite erblickt man zwei Männer, nicht deutlich characterisiert, vielleicht nochmals die beiden Patrone. Also der Erlöser und seine Hauptwerkzeuge beherrschen den Eingang. Die Seiten dagegen schildern die mannigfachen Gefahren, aus denen die Macht der Kirche errettet. Ganz symmetrisch sind die Darstellungen vertheilt und zeigen also auch nach der formalen Seite hin ebensowenig eine ungezügelte Willkür wie dem Gegenstande nach.

Zu unterst lagern vier gewaltige Löwen, die ihre Beute theils im Rachen, theils unter den Klauen haben, die beiden rechts (vom Beschauer aus) jeder einen Menschen, diejenigen links ein Lamm und ein fast gänzlich zerstörtes Thier. Ueber dem äusseren Löwen folgt auf jeder Seite eine Sirene, weibliche Gestalten, welche ihre beiden Fischschwänze mit den Händen erfassen. Sie sind das Bild der Verführung zum Sinnengenuss sowohl nach der Bibel „sirenes in delubris voluptatis“ (Isaias XIII, 22) als auch nach der Sage des Odysseus, in welcher Honorius Augustodunensis im 12. Jahrhundert die Sirenen deutet als „delectationes quae corda hominum ad vicia molliunt et in somnium mortis ducunt“ (Migne, Patrologia Vol. CLXXII S. 850). Darüber bewegt sich auf jeder Seite ein langgestrecktes Ungeheuer; dasjenige links hat im Maul einen kleinen Löwen oder einen Hund, mit den Windungen des Schwanzes umschlingt es einen Menschen, der flehend seine Hände zur Portalmitte, zum Bilde Christi, erhebt: „in adjutorium meum intende“; der Drache rechts, dem Eingang zugewandt, hält eine Kugel im Maul. Genau in gleicher Gestalt kriecht

---

[1]) Otte, Gesch. d. Roman. Baukunst, S. 446. Vgl. ferner Sighart a. a. O. S. 189. — G. Jacob, Die Kunst im Dienste der Kirche. 2. Aufl. S. 51. — Panzer, Beiträge zur Mythologie II. 437. — Quitzmann, Die Religion der Baiwaren. Leizig 1860, S. 208. — Niedermayer, Künstler und Kunstwerke der Stadt Regensburg, Landshut 1857, S. 190. etc. — Auf die verschiedenartigen Auslegungen hier einzugehen, würde zu weit führen.

in einer Genesis-Initiale des 13. Jahrhunderts die Schlange mit der
Frucht (einer goldenen Kugel) heran, als sie sich der Eva im Paradiese nähert[1]) (Fig. 19), und wir dürfen daher auch hier vielleicht
die Schlange der Verführung erblicken, während wir auf andern
Portalseiten den Sündenfall deutlicher mit dem ersten Menschenpaar

Fig. 19.

dargestellt sahen. Zunächst folgt nun auf jeder Seite
eine stark vorspringende thronende Gestalt, die wie
ein Halt inmitten der Gefahren, gerade wie Christus
im Gesammtschmuck, genau die Mitte dieser seitlichen
Bildfelder einnimmt; links ist es die Madonna mit
dem Christuskind, rechts ein König, vermuthlich
Salomo, der als Vorbild Christi, des Sponsus der
Ecclesia, in den Lectionen am Dedicationsfest eine
grosse Rolle spielte. Zu beiden Seiten der Madonna
erblickt man ein Menschenpaar, je Mann und Frau;
bei dem äusseren laufen die Unterkörper in Fischschwänze aus, die sich umschlingen, bei dem inneren
umfasst die Frau den Mann liebevoll, während er ihr
mit der Hand unter das Kinn greift. Diese Paare
galten den Mönchen offenbar als das Bild der „vanitas", denn auch in dem Hildesheimer Psalter ist die
vanitas mehrfach durch ein liebendes Paar dargestellt,
sowohl in Psalm LI, 9 als auch in Psalm CXVIII, 37
(Fig. 37). Hier zeigt der Redende auf zwei Liebes-
paare mit den Worten: „averte oculos meos a
vanitate". Diesen Vers können wir wörtlich in
den Gedankengang der Portalbilder einfügen. Neben
König Salomo sind wieder 2 Ungeheuer angebracht,
eine Aspis, die einen Menschen zur Hälfte verschlungen hat und ein Greif, beide dem Eingang
zugewandt. Etwas höher stehen auf jeder Portalseite zwei kleine Pflanzen, von denen eine durch
zwei grosse Trauben als Wein gekennzeichnet ist.
Denselben nähert sich je ein Thier. Links haben
dieselben das Aussehen von Schweinen, rechts sind es ein aspis-
artiges Ungeheuer und eine ineinandergewundene Doppelschlange.
Also auch das sonst beliebte Portalbild der Bedrohung der Christen
durch das Böse nach Ps. LXXIX v. 14: „exterminavit vineam aper

---

[1]) Stuttgarter öffentl. Bibliothek, Biblia 4° No. 9.

de silva et singularis ferus depastus est eam" ist hier doppelt angebracht.

An dieser Stelle wird die Bildfläche nach oben abgeschlossen durch mehrere auf Consolen ruhende Rundbogen, darüber aber erhebt sich noch eine Bleudarkade mit 4 karyatidenartigen Figuren auf jeder Seite. Diese 8 theils männlichen bärtigen, theils weiblichen Gestalten sind wenig durch Bewegungen oder Attribute characterisiert; bleiben wir aber in dem Gedankengang des übrigen Schmuckes, so müssen wir in ihnen 8 Laster sehen, und allerdings bekräftigen uns die wenigen Abzeichen darin. Von rechts beginnend könnten es recht wohl die 8 Laster sein, wie sie Cassianus in seinen Büchern „De Coenobiorum institutis" (Migne, Patrologia Vol. XLIX—L) in folgender Reihenfolge bespricht:

Gastrimargia (Völlerei) — am Portal eine langbärtige Gestalt, welche die Hände vor dem Bauch hält.

Fornicatio (Unzucht) — eine Frau mit zwei Schlangen an den Brüsten. Zahlreich sind in Frankreich die Beispiele der auf diese Weise dargestellten Wollust. (Bull. Monumental Ser. I Vol. VI S. 345, VII 517, Ser. II Vol. I 180 und 196). Die Terra, welche zuweilen ähnlich gebildet wird, könnte hier schwer untergebracht werden.

Philargyria (Geiz) — Mann oder Frau, mit beiden Händen einen Gegenstand (Kasten oder Beutel) auf dem Schooss haltend.

Ira (Jähzorn) — männliche Gestalt.

Darauf folgen die Figuren auf der linken Seite des Portals.

Nach Cassianus geht die Reihenfolge weiter:

Tristitia (Trübsinn) — am Portal offenbar die zweite Figur von links, ein Mann, der das Kinn auf die linke Hand stützt, und den Ellenbogen wiederum auf die andere Hand.

Acedia (Ekel, Indolenz) — vermuthlich die Figur rechts daneben, ein Mann, der beide Hände wie abwehrend, die Handfläche nach aussen gekehrt, vor sich hält. Diese Handbewegung scheint zwar für die Acedia, den Ekel, sehr bezeichnend, doch ist daneben einzuräumen, dass sie im frühen Mittelalter im Gegentheil als Gestus der ehrfurchtsvollen Anbetung galt, vielleicht ausgehend von dem Begriff demüthiger Zurückweisung zu reicher Gnade.

Cenodoxia (Ruhmsucht) — vielleicht die nächste Figur, männlich, undeutlich.

Superbia (Hochmuth) — die übrig bleibende äusserste Figur links, wie es scheint weiblich, ganz in einen Mantel gehüllt, so dass auch Arme und Hände verdeckt sind.

Die Reihenfolge dieser letzten 4 Laster weicht, wenn die Deutung richtig, nur wenig vom Cassianus ab.

Schreitet man ebenso wie auf der rechten Portalseite von aussen nach innen, so ist die Superbia, anstatt wie bei Cassianus an letzter Stelle, an erster angebracht.

Ausser den Wänden neben dem Portal sind auch die Laibungen mit einzelnen Figuren geschmückt. In den Kehlen der Pfeiler knien unten an jeder Seite drei Männer, von denen einige ziemlich zerstört sind. Die beiden, welche rechts noch klar erkennbar sind, halten jeder mit den Händen eine Schlinge, die von den Ausläufern der die Kehle begleitenden Rundleiste gebildet wird. Der Eine blickt durch den oberen Theil der Schlinge und lässt das untere Ende vor der Brust herabhängen, der Andere lässt die Schleife lose über seinen Arm fallen. Wahrscheinlich gilt die Fangleine den gegenüber knienden Figuren, denn die hinterste derselben ist bereits gefangen und ihre Arme durch einen Strick am Pfeiler festgebunden.

Darin begegnen wir aber wieder einem sehr beliebten Psalmenbild. Stets wird Gott angerufen, den Menschen vor den Schlingen der Sünder zu retten. Z. B. in Ps. XC, 3: „Deus meus, sperabo in eum, quoniam ipse liberavit me de laqueo venantium" — CXVIII, 110 „posuerunt peccatores laqueum mihi" — CXXIII, 7 „Anima nostra sicut passer erepta est de laqueo venantium; laqueus contritus est et nos liberati sumus" — CXXXIX, 6 „absconderunt superbi laqueum mihi, et funes extenderunt in laqueum" — CXL, 9 „custodi me a laqueo, quem statuerunt mihi — XVII, 6 „praeoccupaverunt me laquei mortis. In tribulatione mea invocavi Dominum . . . . . . et exaudivit de templo sancto suo vocem meam" — und noch an vielen andern Stellen. Auch ist Ps. CXL, 9 im Psalter illustriert durch den Sünder, welcher mittelst Schlingen dem Gerechten die Füsse in die Höhe zieht (Fig. 20) und Ps. CXVIII v. 61 „funes peccatorum circumplexi sunt me" durch einen Heiligen, der von zwei Teufeln mit Seilen ergriffen wird.

Die menschlichen Gestalten oben in den Kehlen sind zu wenig charakterisiert, um sie zu deuten. Die rückwärts in die Höhe gebogenen Beine sind wohl eher durch den Raum veranlasst, als dass sie eine kniende Stellung bedeuten sollen. Die Figuren erstrecken sich am Portal nie über einen Quader hinaus. Hätte man die Beine hier nach unten ausgestreckt, so wären sehr grosse Quadern von Nöthen gewesen, während der Steinmetz die Gestalten auf diese Weise einem kleineren Format anpasste. Sie legen die Hände flach vor den Bauch. Einer scheint ein Buch, ein Anderer eine Guitarre zu halten. Vielleicht sind es Engel.

Darüber endlich auf dem Gesimse innerhalb der Laibung, gleichsam vor der Portallünette mit dem Bilde Christi lagern links, also rechts von Christus auf der Seite der „Regina" (Astitit regina a dextris tuis. Ps. XLIV v. 10), auf welcher die Madonna thront, fünf Löwinnen, auf der Seite des „Sponsus" mit König Salomo fünf Löwen. Es sind die Wächter Christi, während unten am Por-

Fig. 20. Ps. CXL v. 5.

tal ihre Genossen den zerreissen, der vom guten Wege abgeht. Auch hier schwankt also der Löwe zwischen dem Bild des Guten und Bösen. An dem Fussende des äusseren Portalbogens sind in der Kehle noch zwei kleine menschliche Halbfiguren sichtbar.

Bei der Beschreibung noch nicht erwähnt sind ferner drei Mönche, welche in Halbfigur, jeder ein offenes Buch haltend, unten in der Mitte der Seite rechts angebracht sind. Sie drängen hier die Sirene etwas zur Seite, und sollen wohl, wie auch alle bisherigen Erklärer annehmen, drei Schottenmönche darstellen, entweder die

ersten in Regensburg eingewanderten, oder die ersten Klostervor-
steher, oder die Erfinder und vielleicht Anführer des Portalschmuckes. Auf der Seite des Sponsus, unter König Salomo, sind
sie zugleich die Vertreter der göttlichen Lehre.

Wollte man den Bilderschmuck in Psalmworte umsetzen, so
würden dieselben lauten:

> Exterminavit vineam aper de silva et singularis ferus
>   depastus est eam.   Deus virtutum ...... visita
>   vineam istam. (Thiere und Pflanzen),
> Erravi sicut ovis quae periit (Löwe mit Lamm),
> Salva me ex ore leonis (Löwe mit Menschen),
> In adjutorium meum intende (Ungeheuer mit Menschen),
> Averte oculos meos a vanitate (Liebespaare),
>   a tentatione (Schlange mit Apfel),
>   a delectationibus (Sirenen),
>   a vitiis (8 Laster),
> Custodi me a laqueo quem statuerunt mihi (Männer mit
>   Schlingen);

Alles zusammengenommen: Errette mich vom Bösen.

Und als Antwort darauf deutete der Hymnus beim Weihfeste
der Kirche auf den Eingang, über dem Christus und die Apostel
thronten:

> Hic salus aegris, medicina fessis,
> lumen orbatis, veniaque nostris
> fertur offensis, timor atque maeror
> pellitur omnis.

Beschreibung der einzelnen Initialen.

Der Beschreibung der einzelnen Initialen — die längeren Psalmen haben deren mehr als eine — sind jedesmal die in der Handschrift zur Erklärung beigefügten Psalmworte vorausgeschickt, die jedoch in vielen Fällen nach dem Text vervollständigt werden müssen, da sie häufig nur den Anfang eines Verses oder einer Folge von Versen wiedergeben, welche der Illustration zu Grunde liegen. Meist sind die Worte neben, über oder unter die Initialen geschrieben, und wenn es dem Zeichner an einer bildlichen Ausdrucksweise fehlte, oder dieselbe nicht deutlich genug war, malte er David als den Sänger des Psalmes oder den im Psalm gedachten Sprecher und liess ihn mit dem Finger aus der Initiale hinaus auf die beigeschriebene Reihe weisen, oder er gab der redenden Gestalt ein Buch in die Hand mit den von ihr gesprochenen Worten. Sind in dem Psalmvers zwei Dinge zu einander in Beziehung gebracht, so weiss sich der Illustrator oft nicht anders zu helfen, als dass er beide zeichnet und den Sprecher auf beide hinweisen lässt; wird von einem Gegenstand etwas ausgesagt, lässt er den Sprecher mit einer Hand auf diesen, mit der andern auf die Worte deuten.

Die Darstellung Gottes schwankt zwischen Gott Vater und Christus. In all diesen Psalterien mit Wortillustration ist zwischen Beiden keine scharfe Grenze gezogen. Dass ein Anachronismus darin liegt, David zu Christus reden und beten zu lassen, ist bei diesen für die symbolische Auslegung bestimmten Bildern von keinem Belang. Im Berliner Psalter, wo die Figuren durch Namensbeischriften grösstentheils sicher bestimmt sind, beten auch Joseph in Aegypten, Ethan und Habakuk zu Christus.

Auch äusserlich ist für Beide kein bestimmter Typus vorhanden; sowohl im Stuttgarter Psalter des 10. wie im Berliner des 12. Jahrh.

wechseln der bärtige und unbärtige Christus, theils mit einfachem,
theils mit Kreuznimbus, und in denselben wechselnden Typen erscheint auch Gott Vater.   Auch dies spricht für das Zusammentreffen
fremder Vorbilder und eigener Gewohnheit.

In den Initialen des Hildesheimer Psalters ist der für Beide ge-
meinsame Typus der kurzbärtige mit Kreuznimbus und nur in wenigen Fällen, wo scharf die Trennung von Gott Vater und Christus
beabsichtigt ist, ist dieser bartlos gezeichnet, wie in Initiale 120, 175,
182.   Bei der spirituellen Auslegung der Bilder und bei den parallel
gehenden Sculpturen wird man grösstentheils Christus im Sinn ge-
habt haben.

Auf den meisten Bildern ist Christus sichtbar, theils in ganzer
Gestalt, theils als Brust- oder Kopfbild.   Seine Attribute sind immer
der Thätigkeit angepasst, die in dem betreffenden Psalmvers ausgesprochen wird.   Als Schützer des Gerechten trägt er Schild und
Speer (Initiale 48), als Bekämpfer des Bösen Schwert (71), Lanze
(54, 61), Stab (131, 181), Hammer (78) oder Gabel (107), gegen Teufel
die Kreuzesstange (70), als Richter das Schwert (87); das Pedum
wird ihm gegeben als Stütze, als Waffe und als Zeichen seiner Macht
(97, 105, 119, 144, 155); er trägt ein Salbgefäss zum Salben (94),
einen Keil als der, welcher durch Donner und Blitz straft (176),
eine Rolle als Schöpfer der Gebote (134, 142), ein Rohr zum Inspi-
rieren seiner Diener (86), einen Flammenkranz ums Haupt als Ausgangs-
punkt der Erleuchtung (65), eine Krone als Herr des Gesetzes (100).
Wo der Psalm vom Schutz seiner Flügel redet, ist er geflügelt (17, 37).

Der Geist (spiritus) wird stets durch einen Vogel, die Seele
(anima) durch eine kleine nackte menschliche Gestalt wiedergegeben.

Der ausgebildeten Geberdensprache zufolge sind die Hände sehr
gross gezeichnet; ausserdem sucht der Maler durch starke Bewegung
des Körpers Manches auszusprechen; eine in den Knien geknickte
Stellung bedeutet ihm Demuth und Furcht (137, 148, 150, 170), das
auf die Hand gestützte Haupt Trübsal (146, 168).

Auf historische Scenen aus der Bibel weisen nur wenige Initialen
hin.   Ausser denen der Cantica nur die vor

Ps. LXXI   v. 10.   Anbetung der drei Könige.
 - LXXVII   v. 27.   Wachtelfall in der Wüste.
 - CI   v. 2.   Gebet Christi am Oelberg.
 - CIX   v. 1.   Himmelfahrt Christi.
 - CXIII   v. 5.   Zug der Israeliten durch den Jordan
                        unter Josua.

Ps. CXXXIV v. 8.   Der Todesengel in Aegypten.
- CXXXV v. 15.   Untergang Pharao's im rothen Meer.
- CXXXVI v. 1.   Die trauernden Juden an den Flüssen
                              Babylons.
Die Psalmnummern und die Citate sind sämmtlich nach dem Vulgatatext.

1. Ps. I. Siehe oben S. 46.
2. Ps. II v. 1 „quare fremuerunt gentes" (Fig. 21).
         Die „gentes", dargestellt als bewaffnete Krieger mit Ketten-
    panzer, Kegelhelm, Lanze und dem normannischen Schild, treten

Fig. 21. Ps. II v. 1.

von links Christus entgegen (convenerunt in unum adversus
dominum, v. 2). Dieser trägt in den Händen einen keulen-
artigen Gegenstand, durch welchen der Maler wohl die v. 9
erwähnte „virga ferrea" andenten wollte.

3. Ps. III v. 6 „ego dormivi et soporatus sum".

Ein Mann liegt im Bett, den Kopf auf die rechte Hand
gestützt. Von rechts erscheint Christus und ergreift die Hand
einer hinter der liegenden sich aufrichtenden Gestalt, welche
die Rechte flehend erhebt und identisch zu denken ist mit der
liegenden Figur in dem Augenblick, wo sie sich von ihrem
Lager erhebt. Es sind also noch die Worte hinzugezogen „et
exsurrexi quia dominus suscepit me" desselben Verses.

4. Ps. IV v. 2 „cum invocarem, exaudivit me deus".

Ein Mann berührt mit seiner Hand Christi Ohr, um das
audire auszudrücken.

5. Ps. V v. 8 „introibo in domum".

König David tritt in ein Gebäude mit Kuppel und hält
in der erhobenen Rechten ein Buch, in dem jene Worte geschrieben stehen. Die beiden Schenkel des V werden durch
zwei grosse Aspiden gebildet.

6. Ps. VI v. 7 „lavabo per singulas noctes lectum meum".

Im Vordergrund steht ein Bett; hinter demselben kniet
ein mit Mantel bekleideter Mann, in der Rechten ein Licht
tragend, den Kopf über das Bett geneigt und die geschlossene
linke Hand ans Auge drückend. In der Perspective zeigt sich
der Maler auf diesem Bild so ungeschickt, dass der Mann
bäuchlings über dem Bett in der Luft zu schweben scheint.
Das Licht soll die Nacht andeuten, die ans Auge gedrückte
Hand das Weinen.

7. Ps. VII v. 2 „domine deus in te speravi, salvum me fac".

Zahlreiche Teufel tummeln sich in der Luft; die unteren
sind beschäftigt, einem Mann, den sie ergriffen, die Seele (kleine
Menschengestalt) aus dem Munde zu ziehen, die oberen bemühen sich, einen gleichen Mann (wohl als derselbe gedacht)
festzuhalten, während Christus, dessen Kopf oben rechts sichtbar ist, ihn rettend bei der Hand ergreift. Einer der Teufel
ist ursprünglich mit gespanntem Bogen gezeichnet, doch wurde
der letztere bei der Ausführung fortgelassen.

8. Ps. VIII v. 3 „ex ore infantium et lactentium".

Vier Frauen mit ihren Kindern auf dem Schooss; zwei
von ihnen reichen ihm die Brust.

9. Ps. IX v. 18 „convertantur peccatores in infernum".

Ein Mann erhebt beide Hände flehend zu Christus, der
links oben zum Theil sichtbar ist. Den Gegenstand seines

Wunsches bilden zwei Männer, welche sich dem Höllenrachen unten nähern, der bereits drei andere aufgenommen hat.

10. Ps. IX v. 20 „exsurge domine, non confortetur".

Christus thront oben in der Mandorla und zeigt nach links. Dorthin schreiten unten zwei Männer, ein grosser und ein kleiner, von denen der erstere nach derselben Richtung zeigt, der letztere eine Hand auf dem Rücken hält; es sind also wohl noch die folgenden Worte hinzugezogen: „judicentur gentes in conspectu tuo".

11. Ps. X v. 3 „quoniam ecce peccatores intenderunt arcum" (Fig. 8).

Auf der Initiale I, welche als hoher Pfeiler erscheint, steht oben ein Mann mit flehend erhobener Rechten, während unten ein mit Kettenpanzer und Kegelhelm bekleideter Krieger einen Pfeil nach ihm abschiesst Der peccator ist hier also als Bogenschütze dargestellt.

12. Ps. XI v. 4 „disperdat dominus universa labia dolosa".

Christus reisst einem Mann mit einem langen Instrument die Zunge heraus und wird dabei von einem Andern an der Rechten ergriffen. Unten erhebt ein Dritter flehend die linke Hand und zeigt mit der andern auf den Gepeinigten.

13. Ps. XII v. 1 „usquequo".

König David redet mit dem thronenden Christus, auf dessen Buch das genannte Wort steht.

14. Ps. XIII v. 1 „dixit insipiens".

Links erblickt man drei Männer, deren vorderster einem Knaben den Rock über den Kopf auszieht, so dass nur dieser und die Arme des Letzteren noch verhüllt sind. Daneben steht Christus und erhebt mahnend den Zeigefinger der rechten Hand. Es ist schwer zu sagen, ob der insipiens durch den nackten Jüngling dargestellt ist, dessen Kopf durch den Rock verhüllt ist, und der daher den nahen Christus nicht sieht und sagt: „non est deus", oder ob die drei Männer die insipientes repräsentieren, von denen es im selben Vers heisst „corrupti sunt et abominabiles facti sunt in studiis suis". Diese Worte führten schon in den alten Psalmencommentaren (vgl. Rufinus, In Psalmos LXXV Commentarius, ed. Migne XXI S. 692) auf die im ersten Kapitel des Römerbriefes geschilderte corruptio (Röm. I, 27).

15. **Ps. XIV v. 1 „domine quis habitabit in tabernaculo".**

Auf einem Thron, hinter dem ein Engel steht, sitzt Christus mit Schriftrolle; zu ihm spricht ein Mann mit rothem Heiligenschein und deutet auf die dabeigeschriebene Frage.

16. **Ps. XV v. 5 „dominus pars hereditatis meae et calicis mei".**

Ein Heiliger mit blassgelbem Nimbus in demüthig geknickter Stellung zeigt Christus einen Kelch. Als Heiliger ist er in Folge von v. 10 dargestellt.

17. **Ps. XVI v. 1 „exaudi domine justitiam meam".**

Christus sitzt mit gekreuzten Beinen auf seinem Thron und hört das Gebet des vor ihm stehenden Mannes an. Er ist auf diesem Bild geflügelt und hält in der Hand das Pedum in der Form des Krückstabs, ersteres mit Bezug auf v. 8 desselben Psalms „sub umbra alarum tuarum protege me", letzteres in specieller Anspielung auf das „protege me".

18. **Ps. XVII v. 2 „diligam te domine".**

König David kniet vor dem thronenden Christus und hält in der Hand ein Buch mit den angeführten Worten.

19. **Ps. XVII v. 26 „cum sancto sanctus eris".**

Mehrere Männer stehen versammelt, in ihrer Mitte ein langbärtiger, mit grosser runder goldener Mütze auf dem langen Kopfhaar und mit goldener Schriftrolle in beiden Händen. Rechts von ihm ein Fürst mit goldumreifter Mütze und blassgelbem Heiligenschein. Während der Letztere den „sanctus" vorstellt, ist in dem Ersteren wohl der „electus" des nächsten Verses zu suchen.

20. **Ps. XVIII v. 6 „tamquam sponsus procedens de thalamo".** (Fig. 22).

Christus mit der Lilie in der Linken tritt aus dem Thor eines Kuppelgebäudes hervor, hinter welchem an der rechten Seite der grössere Theil einer runden Scheibe mit Gesicht (der Sonnenscheibe) sichtbar ist, in Anspielung auf die erste Hälfte des angegebenen Verses „in sole posuit tabernaculum suum".

21. **Ps. XIX v. 10 „domine salvum fac regem et exaudi nos in die".**

In der Mitte zwischen Christus und einem König steht der Redende, ein Mann mit langem Bart und dreieckiger mitra-artiger Kopfbedeckung (wohl als Priester gedacht) und zeigt zugleich auf den König und das Ohr Christi (exaudi).

22. Ps. **XX** v. 4 „posuisti in capite ejus coronam de lapide pretioso“.

Christus setzt einem Knienden die Krone auf.

23. Ps. **XXI** v. 13 „circumdederunt me vituli“ (Taf. I).

Ueber einer Schaar von Stieren und Kälbern sieht man einen nackten Mann daherschreiten, der vom Maler wohl inmitten der Heerde gedacht ist. Rechts oben ragt die Hand Christi hülfreich herein. Die Nacktheit des Bedrohten findet ihre Begründung in v. 19 „diviserunt sibi vestimenta mea“.

Fig. 32.   Ps. XVIII v. 6.

24. Ps. **XXII** v. 1 „dominus regit me“.

Christus erfasst die Seele, einen kleinen menschlichen Körper, welcher halb aus dem Munde des Königs David hervorragt, und zugleich auch ihn selbst am Arm, so dass er ihn also in doppelter Weise leitet, in körperlicher und seelischer Hinsicht. Dabei schreitet David auf dem Wasser nach v. 2 „super aquam refectionis educavit me“, während die Seele Bezug hat auf v. 3 „animam meam convertit“.

25. Ps. **XXIII** v. 7 „attollite portas principes vestras“.

Ein Mann, durch seine Mütze mit einem Goldreifen als princeps gekennzeichnet, bringt Christus, der eine Krone auf dem Haupt trägt, ein Paar Thüren.

26. Ps. XXIV v. 1 „ad te domine levavi animam meam" (Fig. 23).

Auf einem nach links gewandten Sessel thront Christus und dreht sich mit dem Oberkörper nach einem Manne um, der mit gleicher Mütze wie im vorigen Psalm gekleidet, mit flehender Geberde rechts kniet, während seinem Munde die Seele entsteigt als nackte Figur mit erhobenen Händen.

Fig. 23. Ps. XXIV v. 1.

Christus ergreift dieselbe und erhebt die Rechte segnend. Dass er auf seinem Sessel dem Betenden den Rücken kehrt und sich nach ihm umwendet, ist anzusehen als Folge von v. 16, wo er angeredet wird „respice in me" ganz ebenso wie in Initiale 73. Aussen an der Initiale bewegen sich in den Ranken drei Thiere, worunter eins wie die Aspis in Init. 60. Vermuthlich sind dies Anspielungen auf die „inimici" von v. 19.

27. Ps. XXV v. 6 „lavabo inter innocentes manus meas".

Bei einem auf hohen Füssen ruhenden Tauffass und einem Kelch stehen sechs mit Tonsur versehene Männer (innocentes), unter denen Einer sich die Hände wäscht, während ein Andrer ihm das Wasser dazu übergiesst. Kelch und Tauffass repräsentieren die Ausrüstung der Kirche, da in demselben Vers folgt „et circumdabo altare tuum" und v. 8 „dilexi decorem domus tuae".

28. Ps. XXVI v. 1 „dominus illuminatio mea".

Oben thront Christus, in der Linken ein Buch, den Zeigefinger der Rechten belehrend erhoben. An jeder Seite von ihm steht ein anbetender Engel, über seinem Haupt schweben zwei gleiche. Unten in verschrobener, halb kniender, halb sich herabbeugender Stellung erblickt man König David, welcher mit der Rechten nach einem als weisse Linie gezeichneten Strahl greift, der von Christus her sein Auge treffenden illuminatio, während er andrerseits hinabzeigt auf die unterhalb der Initiale beigefügten Worte.

29. Ps. XXVII v. 7 „et refloruit caro mea" (Fig. 13).

Die ganze Initiale A ist mit Ranken ausgefüllt, in denen oben Christus mit Buch und segnender Rechten sichtbar ist, während unten eine kleine nackte menschliche Gestalt von den Ranken umschlossen, in der linken Hand eine Blume hält und mit der ausgestreckten Rechten zu Christus emporzeigt. Diese Bewegung spricht die erste Vershälfte aus „dominus adjutor meus et protector meus", während die nun folgenden Worte „et refloruit caro mea" dargestellt sind durch den unbekleideten Körper (caro) inmitten von Blumengewinden und durch eine Blüthe, welche der Jüngling in der Hand trägt.

30. Ps. XXVIII v. 4 „vox domini in virtute".

Unten stehen drei Bäume neben Wasserwogen, oben ist der Kopf Christi sichtbar; die Worte sind also ausgewählt als die Mitte der beiden angrenzenden Verse 3 „vox domini super aquas" und 5 „vox domini confringentis cedros". Aussen an der Initiale ist links ein Drache, rechts ein Vierfüssler ähnlich einem Fuchs angebracht.

31. Ps. XXIX v. 2 „exaltabo te domine quoniam".

König David spricht zu Christus, der in der Hand eine goldene Schriftrolle hält.

32. Ps. XXX v. 6 „in manus tuas domine commendo spiritum
meum“.

König David schaut mit erhobenen Händen hinauf zu
Christus, der oben thront und die Hände, wie um etwas auf-
zufangen, nach unten hält. Diese Bewegung gilt dem „spiritus“,
den der König im Begriff ist, aus dem weitgeöffneten Mund zu

Fig. 24. Ps. XXXI v. 9.

entsenden. Doch ist der Vogel, in dessen Gestalt der „spiritus“
in vielen folgenden Initialen erscheint, in seinem Munde noch
nicht sichtbar.

33. Ps. XXXI v. 9 „in chamo et freno maxillas eorum con-
stringe“ (Fig. 24).

Oben thront Christus, einen Stock mit krallenartigem Ende
in der Hand, und führt die Zügel, die unten in dem Mund
zweier Männer befestigt sind.

34. Ps. XXXII v. 1 „exultate justi in domino“.

Oben erblickt man das Brustbild Christi, unten die Halbfiguren einer Schaar hinaufblickender Männer (justi).

35. Ps. XXXIII v. 2 „benedicam dominum in omni“.

Unter dem thronenden Christus mit Buch steht David
und zeigt auf die Beischrift des Psalmverses.

36. Ps. XXXIV v. 2 „apprehende arma et scutum“ (Fig. 18).

König David zeigt auf ein Schwert und Schild rechts oben,
über denen in einiger Entfernung die Hand Christi sichtbar
wird. Im Ornament wendet sich ein Bock, der in Schlangen-
gestalt ausläuft, wie der Steinbock im Kalender, dem König
zu, wohl mit Bezug auf die in den angrenzenden Versen genannten „nocentes me“ oder „qui persequuntur me“.

37. Ps. XXXV v. 8 „filii autem hominum in tegmine alarum“.

Oben sieht man das geflügelte Brustbild Christi, links
unten steht ein Mann mit goldener Mütze und ergreift einen
der Flügel, rechts erheben drei Männer die Hände.

38. Ps. XXXVI v. 4 „delectare“.

Christus mit Schriftrolle spricht lehrend zu einem bärtigen
Manne rechts, und dieser wiederum mit gleicher Geberde zu
einer Frau links unten, welche in der Hand ein Buch mit
der Inschrift hält. Ein Mann und eine Frau sind hier wohl
dargestellt, um das „delectare in domino“ in deutlichen Gegensatz zum sinnlichen Genuss zu setzen.

39. Ps. XXXVI v. 28 „injusti punientur“.

Die Strafe wird dadurch ausgedrückt, das Christus von
oben herab einen der unten stehenden Männer mit einem
Stock stösst.

40. Ps. XXXVII v. 5 „quoniam iniquitates meae supergressae
sunt caput meum“.

Ein Mann krümmt sich wie unter einer schweren Last und
fasst mit der Rechten auf sein Haupt. Die Last selbst (sicut
onus grave gravatae sunt super me) ist durch keinen sichtbaren Gegenstand ausgedrückt.

41. Ps. XXXVIII v. 2 „dixi custodiam“ (Fig. 25).

Von oben beugt sich Christus herab; unten sitzt König
David auf einem Thron, wendet den Kopf hinauf, weist mit
der Linken auf seine ausgestreckte Zunge, mit der Rechten
nach unten, entweder, um auf die beigefügten Worte hinzu-
zeigen, die zu ergänzen sind: „custodiam vias meas, ut non

7*

Fig. 25.   Ps. XXXVIII v. 2.

Fig. 26.   Ps. XLI v. 2.

delinquam in lingua mea“, oder, um durch das Hinweisen auf den Boden „vias meas“ anzudeuten.

42. Ps. XXXIX v. 2 „exspectans exspectavi“.

Ein bärtiger Mann mit Krone spricht unter lebhafter Geberde hinauf zum halbsichtbaren Christus.

43. Ps. XL v. 2 „beatus qui intelligit“.

Zu ergänzen ist „super ege-
num et pauperem“. Der beatus
ist oben dargestellt als Jüngling
mit Heiligenschein; er reicht den
unten stehenden Männern (egenus
et pauper), welche ihre Arme em-
porstrecken, Brot hinab.

44. Ps. XLI v. 2 „quemadmodum desiderat cervus“ (Fig. 26).

Fig. 27.   Ps. XLII v. 3.

Im Vordergrunde steht ein
Hirsch und verschlingt mit herab-
gebeugtem Kopf eine sich win-
dende Schlange. Weshalb auf diese
Weise der dürstende Hirsch dargestellt ist, geht aus den Physiologis hervor; dort wird er beschrie-
ben als der Feind der Schlange,
die er verschlingt, danach aber,
um an ihrem Gift nicht zu sterben,
schnell eine frische Wasserquelle
aufsuchen muss. Hinter dem Hirsch
steht König David, wendet den
Kopf hinauf zu Christus, dessen
Haupt oben sichtbar ist, und zeigt
mit der Rechten auf den Hirsch,
mit der Linken auf die beigeschriebenen Worte.

45. Ps. XLII v. 3 „emitte lucem tuam“ (Fig. 27).

Ein Heiliger mit blassgelbem Nimbus hält in der Rechten
ein Buch mit den genannten Worten und zeigt mit der Linken
auf sein Auge, um die Erleuchtung durch das Buch anzudeuten. Nach diesem letzteren greifen zwei etwas tiefer stehende Männer, während ein Dritter mit hochgesträubten Haaren,
die ihn als vom Teufel besessen kennzeichnen, erschreckt da-

vonfliehen will. So scheidet die Erleuchtung die Guten vom
Bösen, wie es im ersten Vers des Psalmes gewünscht wird.

46. Ps. XLIII v. 2 „deus auribus nostris audivimus".

Ein langbärtiger Mann mit blassgelbem Heiligenschein,
ganz wie im vorhergehenden Psalm, sitzt auf einem Sessel und
zeigt auf sein Ohr (audivimus) und zugleich auf die Textworte.
Links in der Höhe ist Christi Halbbild sichtbar.

47. Ps. XLIV v. 2 „lingua mea calamus scribae".

König David auf einem Sessel zeigt mit der Linken auf
seine ausgestreckte Zunge und hält in der erhobenen Rechten
eine Rohrfeder.

48. Ps. XLV v. 2 „deus noster refugium".

Christus steht da mit Schild und Speer; vor ihm ein Mensch
zeigt auf die Worte.

49. Ps. XLVI v. 2 „omnes gentes plaudite".

Mehrere Männer blicken in die Höhe und erheben die
Hände.

50. Ps. XLVII v. 2 „magnus dominus".

In einem Gebäude (civitas dei) sieht man oben die Halbfigur Christi, unten Männer, welche zu ihm hinaufzeigen und
zugleich auf die nebenstehenden Worte.

51. Ps. XLVIII v. 2 „audite haec omnes gentes" (Fig. 28).

Zwei bärtige Männer und zwei viel kleinere Knaben (filii
hominum) stehen als Vertreter der „omnes gentes" in lebhafter Bewegung nebeneinander. Der eine der Aelteren zeigt
mit der rechten Hand auf das Ohr seines Genossen (audite),
mit der Linken aus der Initiale hinaus auf die citierten Worte.
Was die Bewegung des andern Mannes bedeutet, welcher den
Schenkel der Initiale umfasst, ist schwer zu erklären. Von den
Knaben ergreift der eine den nächststehenden Mann am Gewand,
der andere mit beiden Händen einen Schenkel der Initiale.

52. Ps. XLIX v. 1 „deus deorum dominus locutus".

Christus auf seinem Thron, mit aufgeschlagenem Buch in
der Hand, belehrt mehrere vor ihm stehende Männer. Im Ornament links ist ein Fuchs, vielleicht mit Anspielung auf den
peccator der zweiten Psalmhälfte (v. 16 ff.).

53. Ps. L v. 11 „averte faciem tuam".

In einem dreischiffigen Kircheninnern steht in der Mitte
ein hohes auf drei Füssen ruhendes Tauffass, davor ein Mann
in goldener Mütze mit flehender Geberde und eine Frau,

welche ein kleines Kind trägt. Ueber dem Tauffass ist die
Halbfigur Christi sichtbar, von dessen Hand ein Strahl ausgeht auf die Brust des Kindes. Als Bild der Reinigung von
den Sünden, von der in den betreffenden Versen die Rede ist,
wurde also die Taufe gewählt. Auch v. 4 desselben Psalmes
deutet darauf hin: „amplius lava me ab iniquitate mea et a
peccato meo munda me“.

Fig. 28. Ps. XLVIII v. 2.

54. Ps. LI v. 3 „quid gloriaris in malitia“.

Links thront Christus, in den Händen ein Buch mit obigen
Worten und einen zugespitzten Stab; rechts gegenüber sieht
man eine Menschenmenge, in der zuvorderst ein Mann eine
Frau küsst, indem er ihr einen Beutel und einen Ring giebt.
Obgleich die Anfangsworte des Psalmes als Erklärung beige-
fügt sind, so dienen doch die Verse 7—9 zum ausführlicheren

Verständniss des Vorganges: „Propterea deus destruet te in finem, evellet te, et emigrabit te de tabernaculo suo etc. (zu diesem Zweck hält Christus die Lanze in der Hand), videbunt justi, et timebunt, et super eum ridebunt (dies ist die Menschenmenge, welche sich hinter dem Paar befindet) et dicent: „Ecce homo qui non posuit deum adjutorem suum, sed speravit in multitudine divitiarum suarum et praevaluit in vanitate sua". Zum Gespött wird also der Mann, der sich durch seine Reichthümer (Beutel und Ring) die Liebe einer Frau erkauft. Auch in der Initiale zu Ps. CXVIII He (Init. 133) ist die Frauenliebe als Bild der vanitas benutzt. In vorliegendem Psalm ist sie dadurch noch stärker characterisiert, dass eine Aspis, welche zugleich den Querstrich des Q bildet, der Frau in den Fuss beisst.

55. Ps. LII v. 1 „dixit insipiens".

Auf einem Thron sitzt ein Mann, in der Hand ein Buch mit diesen Worten, und wendet sich um nach links, wo hinter ihm mehrere Männer stehen und forschend nach oben blicken. Ganz rechts, von den Männern ungesehen, steht Christus mit Schriftrolle. Diese Illustration ist wohl so zu verstehen, dass der „insipiens" auf dem Thron sich umschaut, daher Christus nicht sieht und zu seinen Hintermännern sagt: „non est deus", worauf diese, um es zu verdeutlichen, forschend nach oben blicken, wo in der That Niemand sichtbar ist. Christus blickt unterdessen von rechts gemäss Vers 3 „super filios hominum, ut videat, si est intelligens aut requirens deum".

56. Ps. LIII v. 3 „deus in nomine tuo".

Christus thront links mit Buch und erhebt lehrend die Hand. Vor ihm steht ein kahlköpfiger, bärtiger Mann mit goldenem Heiligenschein und zeigt auf ein Buch, welches er selbst in der Hand hält, und in dem jene Worte geschrieben sind. Weshalb der Bittende in dieser Gestalt dargestellt ist, lässt sich aus dem Psalm selbst nicht erklären, doch ist es sehr denkbar, dass bei den Worten des darzustellenden Mannes „deus, in nomine tuo salvum me fac" der Maler an die gleichen Worte „domine, salvum me fac" dachte, welche der Apostel Petrus zu Christus sagt (Matth. XIV, 30), und dementsprechend diesen hier anbrachte. Links oben im Ornament ein Drache wird wiederum eine Anspielung sein auf die v. 5, 7, 9 erwähnten inimici.

57. Ps. LIV v. 7 „quis dabit mihi pennas sicut columbae".

    König David, selbst mit Flügeln versehen, hält in der Linken eine Tafel oder ein Buch und zeigt mit der andern Hand auf eine davonfliegende Taube.

58. Ps. LV v. 2 „miserere mei deus, quoniam".

    Oben in der Spitze der Initiale sieht man das Halbbild Christi zwischen zwei Männerköpfen. Unten kniet, wie die Tonsur anzeigt, ein Geistlicher und zeigt mit der Rechten hinauf zu Christus. Ein Mann links stösst ihn mit dem Fuss und schlägt zugleich mit einer Waffe nach ihm. Deutlich ist also der durch jene Worte begonnene Satz illustriert: quoniam conculcavit me homo; tota die impugnans tribulavit me". Die beiden Köpfe neben demjenigen Christi sind nur die Andeutung zweier Engel, wie sie zu seiner Seite öfters, theils ganz, theils als Brustbild, theils als Kopf, zuweilen mit, oft aber auch ohne Heiligenschein, in unseren Initialen vorkommen.

59. Ps. LVI v. 2 „in te confidit anima mea".

    Unten steht König David und hebt seine Seele in Gestalt eines kleinen Kindes zu Christus empor. Dieser ist oben wie im vorigen Psalm zwischen zwei andern Köpfen angebracht, die hier aber mit Heiligenschein umgeben sind.

60. Ps. LVII v. 5 „furor illis secundum similitudinem ser-
        pentis" (Fig. 3).

    Dieser Vers ist zugleich mit dem dazugehörigen nächsten illustriert, also: „furor illis [sc. peccatoribus] secundum similitudinem serpentis; sicut aspidis surdae et obturantis aures suas, quae non exaudiet vocem incantantium et venefici incantantis sapienter". In der betreffenden Initiale S ist oben ein Mann dargestellt, der auf einer Aspis reitet; die Begierde (furor) in Gestalt dieses Ungeheuers trägt den Sünder davon. Die Aspis ist gebildet als ein Vogelkörper mit zwei klauenartigen Füssen, einem langen Hals mit kleinem hundeartigem Kopf mit spitzen Ohren und einem sehr langen, schlangenförmig geringelten Schwanz. Oder man könnte sie auch beschreiben als eine Schlange mit zwei Füssen, zwei Flügeln und hundeartigem Kopf. Schreiend öffnet der Mann seinen Mund und hält sich mit beiden Händen an dem Hals des Thieres fest, das seinen Kopf ihm zuwendet. Unten sehen wir dagegen folgenden Vorgang: Eine Aspis wie die vorige, nur etwas grösser gebildet, verstopft mit der Spitze ihres langen Schwanzes ihr

Ohr (obturantis aures suas), während ein vor ihr stehender Mann, der Beschwörer und Giftmischer, sie beim langen Hals dicht unterhalb des Kopfes erfasst und ihr einen kleinen flachen runden Gegenstand vorhält, vermuthlich einen vergifteten Kuchen.

61. Ps. LVIII v. 2 „ab insurgentibus in me libera me".

Unten sind vier Teufel (insurgentes); einem derselben stösst Christus von links oben mit einer Stange in den Mund und befreit auf diese Weise den vor ihm stehenden, mit goldenem Heiligenschein versehenen Mann, welcher eine Hand flehend erhebt, mit der andern auf die Teufel herabzeigt. Als Teufel sind die „insurgentes" dargestellt, weil es in Vers 3 von ihnen heisst: „ceperunt animam meam".

62. Ps. LIX v. 3 „deus repulisti nos" (Fig. 1).

Christus stösst einen Mann mit goldenem Heiligenschein zurück, indem er dessen Hand mit der eigenen fortdrängt und ihm mit seinem hocherhobenen linken Fuss einen Tritt gegen den Oberschenkel versetzt.

63. Ps. LX v. 2 „exaudi deus".

Ein Heiliger mit goldenem Nimbus reicht mit der Rechten Christus auf seinem Thron eine Tafel (deprecatio) mit jenen Worten. Christus hat auch bereits danach gegriffen, während ihm der Heilige mit der Linken aufs Ohr deutet (exaudi).

64. Ps. LXI v. 2 „nonne deo subjecta".

Oben ist Christus sichtbar, unten kniet David und hält seine Seele in Gestalt eines kleinen Kindes zu ihm empor. Das „subjecta" ist durch die kniende Stellung des Königs angezeigt.

65. Ps. LXII v. 2 „ad te de luce vigilo".

Christus thront, das Haupt von einem goldenen Strahlenkranz umgeben, eine goldene Schriftrolle in der Hand. Vor ihm kniet König David und hält in der einen Hand einen Leuchter mit Kerzen, während er mit der andern auf die beigeschriebenen Textworte deutet. Der Leuchter ist wie in Initiale 6 das Zeichen der Nacht, also hier um das „vigilo" zu verdeutlichen, während der Flammenkranz Christi sich auf das „de luce" bezieht. Der Maler verstand den Vers also wohl in dem Sinn: ich wache bei Dir in Folge Deines Lichtes. In dem Psalter aus Bury St. Edmund im Vatikan gehen in der entsprechenden Illustration aus dem Munde Christi zwei Fackeln hervor.

66. Ps. LXIII v. 4 „quia exacuerunt ut gladium“.

Oben stehen vier Männer, unten zwei, von denen der eine mit einem Schwert seine ausgestreckte Zunge berührt (exacuerunt ut gladium linguas suas), der andere einen Pfeil nach oben entsendet (intenderunt arcum).

67. Ps. LXIV v. 3 „ad te omnis caro veniet“.

Christus, welcher oben zwischen zwei Engeln thront, zieht Einen aus der Menschenschaar unter sich an der Hand herauf.

68. Ps. LXV v. 12 „transivimus per ignem et aquam et eduxisti nos“.

Christus oben zieht einen Mann an beiden Handgelenken herauf; unter dem letzteren sieht man Wasser und eine purpurfarbige Masse, welche vermuthlich Feuer bedeuten soll.

69. Ps. LXVI v. 2 „deus misereatur nostri“.

Christus sitzt auf dem Thron; ein vor ihm Kniender mit Tonsur erfasst seinen Fuss und seinen Arm, wohl im Hinweis auf den folgenden Vers 3 „ut cognoscamus in terra viam tuam (Fuss), in omnibus gentibus salutare tuum (Arm).

70. Ps. LXVII v. 2 „exsurgat deus“.

Christus stösst mit Kreuzesstange und Fuss zwei Teufel fort.

71. Ps. LXVII v. 22 „verumtamen deus confringet capita inimicorum“.

Christus berührt von oben mit einem Schwert das Kopfhaar eines der vier unten jammernd einhergehenden Männer; die Illustration bezieht sich also mehr auf die zweite Vershälfte: „verticem capilli perambulantium in delictis suis“.

72. Ps. LXVIII v. 2 „salvum me fac“ (Fig. 29).

Vollständig zu ergänzen ist der Vers durch die Worte: „quoniam intraverunt aquae usque ad animam meam.“ Oben thront Christus zwischen zwei Engeln und zieht an den Haaren einen Mann empor, welcher bis an die Hüften im Wasser steht, das reich durch Fische belebt ist. Der auf diese Weise Gerettete erhebt die Rechte flehend, während er mit der Linken auf den Strom Wassers zeigt, welcher ihm in den Mund fliesst, denn auf diesem Wege war es bis zu seiner Seele eingedrungen.

73. Ps. LXVIII v. 17 „exaudi me domine“.

Christus sitzt auf dem Thron; hinter seinem Rücken steht ein Mann mit ausgestreckter Zunge, berührt mit der Linken

Christi Ohr (exaudi), mit der Rechten dessen Kinn, um das
Gesicht sich zuzuwenden, denn es heisst im Vers: „respice in
me; et ne avertas faciem tuam a puero tuo." Weshalb die
ausgestreckte Zunge, ist nicht ersichtlich.

Fig. 79.   Ps. LXVIII v. 2.

74. Ps. LXIX v. 2 „deus in adjutorium meum intende" (Fig. 16).
       Unten befindet sich ein Drache, aus dessen Rachen
Christus von oben mit Hülfe einer Stange einen bereits halb
verschluckten Mann an den Haaren herauszieht. Der Boden
scheint Wasser darzustellen.

75. Ps. LXX v. 1 „in te domine speravi".
       Ein Mann mit Buch zeigt nach oben, wo Christi Kopf
sichtbar ist.

76. Ps. LXXI v. 10 „reges Tharsis et insulae munera offerent".

Die Anbetung der drei Könige. Die gekrönte Madonna hält einen Lilienzweig in der Rechten und trägt das vollständig bekleidete Christuskind, welches ein Buch in der Hand hält und die Rechte segnend erhebt, mitten auf dem Schooss, fast geradeaus gerichtet. Die drei Könige tragen die Geschenke.

77. Ps. LXXII v. 21 „quia inflammatum est cor meum".

Ein nackter Mann, nur mit Schurz und mit Schuhen bekleidet, flieht davon, indem er sich an die Hüfte fasst (renes mei commutati sunt). Von oben bläst Christus auf ihn herab, wodurch das „cor inflammatum" begründet wird.

78. Ps. LXXIII v. 14 „Tu confregisti capita draconum" (Fig. 14).

Christus schlägt mit einem Hammer, den er mit beiden Händen hält, auf das Haupt eines Ungeheuers, welches einen Mann überwältigt und unter sich zu Boden gedrückt hat. Das Thier ist fast genau so gestaltet wie die Aspis in Initiale 60.

79. Ps. LXXIV v. 2 „confitebimur tibi deus".

Oben ist Christus sichtbar, umgeben von drei Halbfiguren; unten zeigt ein Mann mit blassgelbem Heiligenschein, in starker Bewegung, mit nach oben gestreckten Armen auf Christus und die Textworte.

80. Ps. LXXV v. 4 „ibi confregit potentias arcuum, scutum".

Christus zerbricht Lanze, Bogen, Schwert und Schild.

81. Ps. LXXVI v. 3 „in die tribulationis meae".

Unten kniet König David und erhebt die Hände flehend zu Christus, der oben mit Buch thront. Diesem zur Seite sieht man den Mond und die Sterne als Bild der Nacht (manibus meis nocte contra eum). Rechts und links oben in der Initiale ist ein Hund angebracht, vielleicht zur Bezeichnung der „tribulatio".

82. Ps. LXXVII v. 1 „attendite popule meus" (Fig. 30).

„Attendite popule meus legem meam" lautet der vollständige Satz; auf einer Säule steht oben ein Adler mit gespreizten Füssen und ausgebreiteten Flügeln. Durch ihn wird der Ort als Platz des Gerichtes und des Gesetzes gekennzeichnet, an dem der Adler als Symbol der Reichsgewalt aufgestellt wurde. Links von der Säule steht der durch einen Goldreifen um seine Kopfbedeckung kenntliche Fürst, welcher mit der Linken die Säule erfasst, die Rechte etwas erhebt. Von rechts

naht eine Schaar Männer, deren vorderster mit beiden Händen
die Säule ergreift, während ihm sein Hintermann die Hände
auf beide Schultern legt. Sie Alle blicken hinauf zum Adler,
der hier also als Symbol des Gesetzes gilt, auf welches sie
achten sollen.

Fig. 50. Ps. LXXVII v. 1.

83. Ps. LXXVII v. 27 „et pluit super eos sicut pulverem carnes“.
Vier Männer fangen herabfallende Vögel auf. Der Fall der
Wachteln in der Wüste (Num. XI).

84. Ps. LXXVIII v. 1 „deus venerunt gentes“.
Zwei Ritter (gentes) in Kettenpanzer, mit Kegelhelm und
Schwert, ergreifen einen Mann, der sich in einem Gebäude
befindet, am Kopf (polluerunt templum sanctum tuum). Auf

dem Boden vor dem Gebäude liegen bereits zwei Getödtete (posuerunt morticina servorum tuorum escas volatilibus caeli).

85. Ps. LXXIX v. 6 „cibabis nos pane lacrimarum" (Fig. 12).

Die Darstellung in dieser Initiale ist sehr zusammengesetzt. Unten in der Mitte kniet ein Mann mit Tonsur, hält in der Linken ein Buch, dessen Ecke er in den Mund steckt und in dem die Worte „cibabis nos pane" geschrieben sind. Mit der Rechten erhebt er einen schmalen Becher oder ein Maass (mensura), in das ihm Christus, welcher oben in Halbfigur sichtbar ist, aus einer Flasche einschenkt (et potum dabis in lacrimis in mensura). Rechts und links vom Knienden steht eine Pflanze, sie bezeichnet den Weinstock, von dem es v. 9 heisst: „vineam de Aegypto transtulisti — — et plantasti eam" etc. Von beiden Seiten dringen Ungeheuer herein, von denen eines vollständig, die andern nur bis zum Hals sichtbar sind. Sie sperren das Maul auf und bedrohen sowohl den Mann: „inimici nostri subsannaverunt nos" (v. 7), als auch besonders die Weinstöcke: „singularis ferus depastus est eam" (v. 14). Endlich sieht man Christus, umgeben von drei Vögeln (Tauben), wie sie sonst in vielen Initialen den „spiritus" darstellen. An jeder Seite steht einer derselben, der dritte befindet sich in der Mitte vor ihm, so dass es aussieht, als stände er auf der Tonsur des Mannes unten. Da das Wort „spiritus" sich jedoch im Psalm nicht findet, sind dieselben wohl nur auf die dreifache Offenbarung zu deuten, von der am Anfang des Psalms die Rede ist: „qui sedes super Cherubim, manifestare coram Ephraim, Benjamin et Manasse".

86. Ps. LXXX v. 11 „dilata os tuum et implebo illud".

Christus oben bläst durch ein Rohr dem König David, der unten steht, in den Mund. Zugleich ergreift er mit der Linken zwei Männer zusammen an der Hand („eduxi te de terra Aegypti", erste Vershälfte).

87. Ps. LXXXI v. 1 „deus stetit in sinagoga deorum".

In dem Querschnitt eines dreischiffigen Gebäudes (sinagoga) steht in der Mitte Christus mit Schwert als Richter über die falschen Götter, in den beiden Seitentheilen je zwei Männer, welche hinaufblicken (in medio autem deos dijudicat).

88. Ps. LXXXII v. 15 „sicut ignis qui comburit silvam".

Christus sitzt auf dem Thron; aus seinem Mund gehen Strahlen auf zwei Bäume, die auf einem Berg stehen; in

seiner rechten Handfläche ist ein Stern sichtbar. Während
die Strahlen seines Mundes das Feuer darstellen, welches den
Wald verbrennt, ist der Stern in seiner Rechten die „flamma
comburens montes", welche er im Begriff ist, auf den Berg
zu schleudern.

89. Ps. LXXXIII v. 4 „etenim passer invenit sibi domum"
    (Fig. 10).
    Zwei Bäume mit Nestern, in denen Vögel nisten, Nahrung
    suchen und ihre Jungen füttern.

90. Ps. LXXXIV v. 5 „converte nos deus salutaris noster".
    Unten steht eine Schaar Männer, welche die Hände er-
    heben und hinaufblicken. Einen derselben erfasst Christus
    von oben am Kopf, wodurch wohl das „converte" ausgedrückt
    sein soll.

91. Ps. LXXXV v. 1 „custodi animam meam, quoniam sanctus
    sum".
    Ein Mann zeigt mit der Rechten auf seine Seele, die in Ge-
    stalt eines Kindes aus dem Munde hervorblickt, während er mit
    der Linken Christi Ohr berührt (inclina, domine, aurem tuam).

92. Ps. LXXXVI v. 2 „diligit dominus portas syon".
    Ein Abt mit Krummstab und mehrere Mönche gehen auf
    ein Gebäude zu (portas Sion), welches der Abt zu segnen
    scheint.

93. Ps. LXXXVII v. 5 „aestimatus sum cum descendentibus
    in lacum".
    Ein Mann steht im Wasser (lacus), das durch mehrere darin
    schwimmende Fische als solches gekennzeichnet wird. Nur
    sein Kopf ragt hervor und seine zu Christus emporgestreckten
    Hände. Aus dem Mund schlägt ihm eine dreizüngige rothe
    Flamme zum Zeichen, dass seine Seele von Bosheit erfüllt ist
    (repleta est malis anima mea, et vita mea inferno appropin-
    quavit v. 4). Christus oben neigt sich zur Seite über auf die
    Bitte des Mannes „inclina aurem tuam ad precem meam"
    (v. 3). Neben ihm sieht man je einen Kopf wie in Initiale 58
    und 59, welche Engel andeuten sollen. Im Blattwerk links
    oben ist eine drachenartige Vogelgestalt angebracht.

94. Ps. LXXXVIII v. 21 „oleo sancto meo unxi eum".
    Christus giesst das Salböl aus einem birnenförmigen Gefäss
    auf das Haupt König David's. Oben links im Ornament steht
    ein krähender Hahn.

95. Ps. LXXXVIII v. 20 „tunc locutus es in visione".

Oben sieht man links Christus mit lehrender Geberde, hinter ihm einen Engel ohne Heiligenschein und vor ihm fünf Halbfiguren, welche seine Heiligen darstellen sollen, ebenfalls ohne Nimbus (locutus es sanctis tuis). In der Mitte darunter steht der Erwählte des Herrn in Gestalt eines Heiligen mit grünem Nimbus, in der einen Hand eine Rolle, die andere lehrend erhoben (exaltavi electum de plebe mea).

96. Ps. LXXXIX v. 6 „mane sicut herba transeat" (Fig. 31).

Der Vers ist vollständig illustriert sammt den dazugehörigen Worten: „mane floreat et transeat; vespere decidat, induret et

Fig. 31. Ps. LXXXIX v. 6.

arescat". Links steht aufrecht ein junger Mann mit kurzem Bart und trägt in jeder Hand einen kleinen blühenden Zweig; ihm entgegen tritt, auf einen Krückstock gestützt, ein gebückter Greis mit langem Bart und trägt über der Schulter einen langen Ast, der durch seine rothbraune Farbe andeutet, dass er bereits vertrocknet ist. Auf dem Boden spriessen drei kleine Pflanzen hervor. Die beiden Menschen sind also als Träger ihres eigenen Abbildes dargestellt.

97. Ps. XC v. 13 „super aspidem et basiliscum ambulabis"(Fig.2).

Christus mit Buch und Pedum in der Hand tritt auf die vier im Vers erwähnten Thiere, von denen man jedoch

nur die Aspis in vollständiger Gestalt, die anderen theilweise sieht. Das Pedum, auf das er sich stützt, dient zur
bestimmteren Bezeichnung des „ambulare“ oder auch als
Waffe.

98. Ps XCI v. 13 „justus ut palma florebit“ (Fig. 9).

Ein Mann steht zwischen Bäumen und hält in der Hand
einen Palmzweig.

99. Ps. XCII v. 1 „dominus regnavit“.

Christus mit zwei Engeln ist umgeben von einem Blatt-
kranz, der von vier Menschen mit langem Gewand gehalten
wird. Der Tracht nach, den Hängeärmeln und turbanartigen
Tüchern um den Kopf, scheinen es zwei Frauen und zwei
Männer vorzustellen. Der Blätterkranz, der Christus umgiebt, deutet auf die Worte „et praecinxit se“ und soll
den Erdkreis darstellen, entsprechend den nun folgenden
Worten „etenim firmavit orbem terrae“. Schwieriger ist
die Deutung der vier den Kranz tragenden Gestalten; man
könnte in ihnen vielleicht die vier Paradiesflüsse sehen, mit
Bezug auf die in Vers 3 folgenden Worte: „elevaverunt flumina“.

100. Ps. XCIII v. 12 „beatus homo quem tu erudieris domine“.

Christus als König mit Krone auf dem Haupt und mit
buntem Heiligenschein hängt einem Geistlichen mit Tonsur,
welcher den durch Christus Erzogenen darstellt, die Stola um.
Unten links steht ein Mann mit roth und weiss gefleckter Mütze
und zeigt auf ihn hin. Die zweite Vershälfte „et de lege tua
docueris eum“ war wohl die Veranlassung, Christus mit einer
Krone zu bekleiden und ihn auf diese Weise als Herrn des
Gesetzes zu kennzeichnen.

101. Ps. XCIV v. 6 „ploremus coram domino“.

Unten sitzt ein Mann und weint und spricht dabei zu
einer Schaar Männer, die von rechts nahen. Von oben herab
macht Christus mit aufgeschlagenem Buch in der Hand die
Bewegung des Segnens. Zu jeder Seite eine Halbfigur, von
denen nur eine mit einem blassgelben Heiligenschein versehen
ist, deutet wohl Engel an.

102. Ps. XCV v. 1 „cantate domino canticum novum.

Von links tritt König David heran mit einer Schaar Menschen; rechts steht Christus mit Buch und macht die Geberde
des Segnens.

103. Ps. XCVI v. 7 „confundantur omnes qui adorant sculp-
 tilia“.

 Oben sieht man Christus zwischen drei Gestalten ohne
 Flügel aber mit hellviolettem Nimbus, Engeln oder Seligen;
 unten ergreifen drei Teufel, sich nach oben umschauend, die
 Flucht.

104. Ps. XCVII Initiale fehlt, da die Seite herausgeschnitten ist.

105. Ps. XCVIII v. 1 „moveatur terra“.

 Christus sitzt auf dem Thron und stösst mit seinem Fuss
 und einem mit Spitze versehenen Krückstock gegen einen
 grünen Gegenstand mit Blättern,
 welcher die Erde bedeuten soll.

106. Ps. XCIX v. 2 „jubilate deo“ (Fig. 32).

 Eine Schaar Männer, welche „omnis terra“ vertritt, blickt hinauf zu
Christus, dessen Kopf oben sichtbar
ist. Die beiden Anführer der Schaar
sollen offenbar Moses und Aaron vor-
stellen. Ersterer, durch das Tragen
der Gesetzestafeln gekennzeichnet,
ist mit einer roth und weiss gefleckten Mütze bekleidet; letzterer, als
Priester mit Tonsur und Stola dargestellt, trägt in der Rechten die
blühende Ruthe als Attribut. Der
Maler hat vielleicht dabei an den
Lobgesang der Israeliten gedacht,

Fig. 32. Ps. XCIX v. 2.

als sie unter Mosis Führung das rothe Meer durchschritten
hatten (Exod. XV).

107. Ps. C v. 7 „non habitabit in medio domus meae qui facit
 superbiam“ (Fig. 33).

 Die Initiale M ist als Querschnitt eines zweischiffigen Gebäudes gezeichnet, welches durch ein Kreuz oben als Haus
Gottes bestimmt ist, und in dem sich zwei Männer befinden:
„qui facit superbiam“ und „qui loquitur iniqua“. Christus oben
über ihnen hat in jeder Hand ein heugabelartiges Instrument,
mit denen er die Beiden, welche sich entsetzt umschauen, am
Genick packt und hinausstösst. Der Eine sucht sich noch
am Gebäude festzuhalten. Christus selbst wendet sein Gesicht
gewaltsam von ihnen ab, da es im Psalmvers heisst: „non

8*

direxit in conspectu oculorum meorum" im Gegensatz zum
vorigen Vers 6 „oculi mei ad fideles terrae".

108. Ps. CI v. 2 „domine exaudi orationem meam".

Christus am Oelberg nach Luc. XXII, 43. Der Garten ist
durch zwei blühende Pflanzen ausgedrückt; unten kniet Christus,
oben rechts sieht man einen Kelch und darüber einen Engel.

Fig. 33.   Ps. C v. 1.

109. Ps. CII v. 5 „renovabitur ut aquilae juventus tua"
(Fig. 34).

Wir erblicken oben einen Adler, der sich emporschwingt,
unten, wie er sich kopfüber in einen Wasserstrom stürzt, der
aus einer runden brunnenartigen Oeffnung hervorquillt. Nach
der Beschreibung in den Physiologis verjüngt sich der Adler
durch Auffliegen zur Sonne und darauf folgendes dreimaliges
Untertauchen in einer Quelle.

110. Ps. CIII v. 4 „qui facis angelos tuos spiritus" (Fig. 35).

Christus hält vor sich in den Händen eine kleine nackte
Jünglingsfigur, welche er anbläst, wie der von Christi Mund

auf den Kopf des Knaben ausgehende Strahl anzeigt. Unten
ist ein grosser Kopf mit zwei mächtigen Flügeln sichtbar, auf
denen Christus schreitet, gemäss Vers 3 „qui ambulas super
pennas ventorum“.

111. Ps. CIII v. 22, 23. „ortus est sol et congregati sunt“ —
„exibit homo ad opus suum“.

Oben sieht man die Sonne (ortus est sol), rechts liegen
versammelt (congregati) mehrere Löwen und ein anderes Thier

Fig. 54.   Ps. CIII v. 5.

mit langen Ohren, die in den vorhergehenden Versen genannten „catuli leonum rugientes, ut rapiant et quaerant a deo
escam sibi“, die „bestiae silvae“ zwischen mehreren Bäumen.
Links tritt ein Mann mit Schaufel und Hacke über der Schulter
heran (exibit homo ad opus suum).

112. Ps. CIV v. 3 „laetetur cor quaerentium dominum“.

König David zeigt zwei Pilgern mit blossen Füssen und
Krückstab, welche die „quaerentes dominum“ darstellen, die

Gestalt Christi oben zwischen zwei mit blassgelben Nimben
versehenen Figuren. Christus hält in der Hand ein Buch mit
der Inschrift. Im Ornament der Initiale ist oben ein Wolf,
unten eine Aspis angebracht.

113. Ps. CIV v. 29 „convertit aquas eorum in sanguinem".

Christus taucht einen klauenförmig endigenden Stab ins
Wasser, das zur Hälfte violett gefärbt ist (sanguis), und in
dem sich Fische befinden (et occidit pisces eorum).

Fig. 85.   Ps. CIII v. 4.

114. Ps. CV

Diese Initiale ist auf den vom ersten Maler freigelassenen
Raum aufgeklebt und zeigt deutlich die Hand des Schreibers
und Zeichners des Alexisliedes, welcher die letzte Hand an den
Psalter legte. Es ist auch hier nicht wie sonst der betreffende
illustrierte Psalmvers beigeschrieben, sondern folgender Hexameter:

„parce tuis queso monachis clementia Jesu".

Die Initiale zeigt rechts Christus und links in betender Geberde ihm gegenüber vier Mönche und eine Frau (Nonne oder
Aebtissin?). Da nun der erste Theil des betreffenden Psalmes
eine Anrufung des Mitleids des Herrn enthält, so passt die

Darstellung durchaus dahin. Der Schreiber des Alexisliedes suchte wahrscheinlich eine Gelegenheit, sich persönlich mit hineinzubringen und stellte daher eine Frau, vielleicht die vielgenannte Christina, Priorin von Merkyate, und ferner vier Mönchsfiguren dar, durch die er den Abt und Klosterbrüder, einschliesslich sich selbst, wiedergeben wollte, und schrieb dann einen passenden Hexameter hinzu. Weshalb der erste Schreiber den Raum dieser Initiale frei gelassen hatte (man kann dies durch das Pergament durchscheinen sehen), ist schwer zu sagen. Vielleicht hegte er eine ähnliche Absicht, deren Ausführung er bis zuletzt aufgespart hatte, aber ebenso wie die der ersten Initiale B nicht mehr vollenden konnte. Warum dann aber der zweite Schreiber den leeren Raum erst frisch überklebte, bleibt eine weitere Frage.

115. Ps. CV v. 37 „et immolaverunt filios suos et filias suas daemoniis".

Links sieht man eine Schaar Männer, welche mit Schwert und Messer Kinder tödten; rechts steht die grössere Gestalt eines Mannes mit kurzem Bart und langem Haar, in der Linken einen Gegenstand, der aussieht, wie eine kleine Geissel, in der Rechten eine runde hellgelbe Scheibe. Vermuthlich soll es der Dämon, der künstliche Abgott sein, dem sie ihre Kinder opfern, durch die gelbe Scheibe vielleicht als Sonnengott bezeichnet.

116. Ps. CVI v. 2 „de regionibus congregavit eos".

Christus zieht mit der Hand mehrere Männer an rothen Fäden herbei.

117. Ps. CVI v. ? „deus stetit in synagoga".

Ueber dem Regenbogen ist Christi Halbfigur segnend dargestellt, neben ihm der Kopf eines Engels; unten sieben sich etwas neigende Männer, von denen zwei mit der Hand gesticulieren.

118. Ps. CVII v. 3, 9 „exsurge psalterium" — „meus est galaad et meus est".

König David steht in sehr grosser Gestalt aufrecht und hält in der Linken ein Buch (psalterium) mit der Inschrift, während er mit der Rechten auf ein thurmartiges Gebäude zeigt, durch welches Galaad angedeutet wird.

119. Ps. CVIII v. 3 „locuti sunt adversum me lingua dolosa".

Oben ist Christus zwischen zwei Engeln oder Seligen (mit blassgelbem Nimbus, ohne Flügel) sichtbar. Er ergreift hülfreich die flehend erhobenen Hände eines Mannes unten, welcher von zwei Andern an Rock, Aermel und Mütze festgehalten wird. Diese beiden Letzteren öffnen den Mund weit (v. 2 „os peccatoris et os dolosi super me apertum est"); dem Einen von ihnen stösst Christus seinen Krückstock durch den Mund (lingua dolosa).

120. Ps. CIX v. 1 „dixit dominus domino meo".

Die Himmelfahrt Christi. Auf einem Berg, an dessen Fuss sich eine Frau und mehrere Männer befinden, steht Christus, welcher hier im Gegensatz zu Gott Vater bartlos dargestellt ist, auf einen Stab gestützt und erfasst das Knie des über ihm thronenden Vaters. Dieser sitzt über dem Regenbogen zwischen zwei Engeln und deutet mit der Hand auf einen leeren Sessel sich zur Rechten (sede a dextris meis).

121. Ps. CX v. 9 „redemptionem misit populo suo".

Ein sitzender Mann hält in der Rechten ein offenes Buch und erhebt die linke Hand mit ausgestrecktem Zeigefinger. An jeder Seite steht ein Priester, der eine mit goldenem Kreuznimbus. Sie erheben gemeinsam einen Kelch über dem Sitzenden und halten dabei die andere Hand in segnender Geberde über seinem Haupt.

122. Ps. CXI v. 9 „dispersit dedit pauperibus".

Links steht ein Fürst mit goldenem Diadem und goldenem Gefäss in der Hand, der Reiche (v. 3), welcher im Begriff ist, vier nackten Männern (pauperes) seine Güter auszutheilen. Einem derselben wird bereits durch einen Diener ein Rock angezogen.

123. Ps. CXII v. 1 „laudate pueri dominum".

Links erblickt man Christus, rechts unten vier betende Halbfiguren.

124. Ps. CXIII v. 5 „quid est mare quod fugisti et tu jordanus" (Fig. 36).

Es ist der Uebergang der Israeliten über den Jordan unter Josua's Führung dargestellt (Buch Josua Cap. III—IV). In Folge der schmalen Initiale I musste die Darstellung sehr zusammengerückt werden. Der Zug bewegt sich von links nach rechts. Josua als Anführer ist des Platzmangels wegen rechts oben gezeichnet, er giebt seine Anordnungen, indem er mit der Rechten seinen Stab erhebt. Es folgen dann zwei Männer,

welche die Bundeslade tragen. Unter ihren Füssen
ist der Jordan zurückge-
treten, dessen Fluthen man
unterhalb der Initiale angedeutet sieht, und zum
Andenken an dies Wun-
der sammeln die Folgen-
den auf Befehl Josua's
einige Steine vom Platze
und tragen sie auf der
Schulter mit fort (Josua
IV, 3—6).

125. Ps. CXIV v. 4 „o domine
libera animam
meam".

Ein bärtiger langhaa-
riger Mann ohne Heiligen-
schein, umgeben von vier
Andern, welche grosse
Steine auf ihn werfen
(v. 3 „circumdederunt me
dolores mortis" etc.), trägt
auf dem Rücken einen kleinen nackten menschlichen
Körper, das Bild seiner
Seele, um deren Befreiung
er fleht. Er zeigt dabei
auf ein Buch, in dem die
genannten Worte stehen.

126. Ps. CXV v. 13 „calicem
salutaris".

Zur Vollständigkeit
des Verses sind die Worte
zu ergänzen „accipiam, et
nomen Domini invocabo".
Ein Mann erhebt mit der
Rechten einen Kelch und

Fig. 36. Ps. CXIII v. 5.

hält mit der Linken ein Buch mit den angeführten zwei Worten
Christus entgegen, welcher rechts steht. Von links schiesst ein

Bogenschütze auf den Mann, um die Sünde anzudeuten, vor deren Pfeilen der Kelch den Bedrohten errettet.

127. Ps. CXVI v. 1 „laudate dominum omnes gentes".

Ein kurzbärtiger Mann mit weiss und rothem Nimbus hält ein Buch mit den genannten Worten hoch und redet dabei zu einer Schaar von Halbfiguren rechts unten, die mit erhobenen Händen zu Christi Antlitz aufblicken, welches in dem Gipfel der Initiale sichtbar ist.

128. Ps. CXVII v. 19 „aperite mihi portas justitiae".

Ein Jüngling, vielleicht König David, schreitet von rechts in ein offenes Thor, über dem ein Engel wacht. Dieser hält gemeinsam mit dem Jüngling ein Buch, in dem die Worte stehen „haec porta domini justi(tiae)".

129. Ps. CXVIII Aleph v. 1 „beati immaculati in via".

König David hält in der Linken ein Buch mit der In-schrift, während er mit dem Zeigefinger der Rechten den Kopf eines nackten Jünglings berührt, durch den die „imma-culati" vertreten sind.

130. Ps. CXVIII Beth v. 10 „in toto corde meo exquisivi Te".

Forschend blickt König David nach oben, wo als Halb-figur Christus sichtbar ist.

131. Ps. CXVIII Gimel v. 21 „increpasti superbos; maledicti".

König David mit Buch, welches die Worte zeigt, ermahnt zwei Männer (superbi), die sich beugen, da sie von Christus oben mit einem Stock geschlagen werden.

132. Ps. CXVIII Daleth v. 28 „dormitavit anima mea" (Fig. 37).

Ein kniender Mann mit roth und weiss gefleckter Mütze hält in der Linken ein Buch mit den genannten Worten und zeigt mit der Rechten der oben sichtbaren Halbfigur Christi seine Seele, welche in Gestalt eines kleinen Kindes vor ihm in einem Bett liegt und schläft.

133. Ps. CXVIII He v. 37 „averte oculos meos" (Fig. 37).

Zu ergänzen ist „ne videant vanitatem" Ein mit gleicher roth und weiss gefleckter Mütze bekleideter Mann hält in der Linken ein Buch mit dieser Bitte empor zur Halbfigur Christi, während er mit der Rechten hinunterzeigt auf die Eitelkeiten der Welt. Die „vanitas" ist dargestellt durch zwei Paare. Zunächst erblickt man links einen Jüngling und eine Frau, die sich durch die Jagd ergötzt haben, er trägt auf der Hand einen Falken, sie eine Blume und ein Ei. Ausserdem hält er

in der Rechten ein herab-
hängendes Band, vielleicht
die Falkenbinde.

Rechts daneben in
einem Gebäude, welches
durch einige Architek-
turtheile angedeutet
ist, unterhält sich ein
zweites Paar; der
Jüngling ergreift
die Hand der Frau
und zeigt ihr da-
bei ein Gold-
stück, es han-
delt sich also
offenbar um
eine Liebes-
werbung. Ganz rechts stehen drei
grosse Bäume am Wasser. Diese
Initiale L ist mit der vorhergehenden A so zusammengezogen, dass
beide wie eine erscheinen.

134. Ps. CXVIII Van v. 41 „et veniet
super me“.

Links erscheint Christus, die
Rechte lehrend erhoben, in der
Linken einen länglichen blassgelben

Fig. 37. Ps. CXVIII v. 28 und v. 37.

Gegenstand, der möglicherweise eine Schriftrolle darstellen soll, da in dem Psalm beständig von den Worten und Geboten Gottes die Rede ist. Vor ihm steht ein Mann, der auf die beigeschriebenen Worte und zugleich oben auf seinen Kopf deutet (super me).

135. Ps. CXVIII Zain v. 54 „cantabiles mihi erant justificationes tuae".

Rechts steht Christus mit mahnender Handbewegung, links ein Pilger mit nackten Füssen und einem Krückstock in der Hand. Er erhebt ein Buch, in dem die Ergänzung der angeführten Worte steht „in loco peregrinationis meae".

136. Ps. CXVIII Heth v. 61 „funes peccatorum circumplexi sunt me".

Links oben ist Christus zur Hälfte sichtbar. Rechts steht ein Mann mit blassgelbem Nimbus und zeigt auf die beigeschriebenen Worte. Ihn ergreifen zwei Teufel (peccatores), die mit einem rothen Seil versehen sind.

137. Ps. CXVIII Teth v. 71 „bonum mihi quia humiliasti me".

König David ist vor der mahnenden Gestalt Christi halb in die Knie gesunken und weist mit der Rechten auf die Textworte, mit der Linken über sein Haupt (humiliasti me).

138. Ps. CXVIII Jod v. 73 „manus tuae fecerunt me".

Christus ist beschäftigt, einen nackten Mann zu formen, indem er ihn am Kopfhaar und Kinn fasst. Dieser zeigt auf die beigeschriebenen Worte.

139. Ps. CXVIII Caph v. 82 „defecerunt oculi mei".

Links Christus mit mahnend erhobener Hand; ihm gegenüber ein Mann, der mit der Rechten auf den Text, mit der Linken auf sein Auge zeigt.

140. Ps. CXVIII Lamed v. 89 „in aeternum, domine, verbum tuum permanet".

König David hält ein Buch mit den angeführten Worten und zeigt dabei auf Christi Angesicht oben.

141. Ps. CXVIII Mem v. 98 „super inimicos meos prudentem".

David zeigt mit der Rechten auf die Textworte und berührt mit dem linken Zeigefinger das Haar eines langbärtigen Greises. Die Darstellung illustrirt daher eigentlich den zweitnächsten Vers „super senes intellexi".

142. Ps. CXVIII Nun v. 109 „anima mea in manibus meis semper".

Links steht Christus mahnend und hält eine Schriftrolle als Anspielung auf die zweite Vershälfte „et legem tuam non sum oblitus". Der Heilige mit rothgerändertem Nimbus ihm gegenüber trägt in der rechten Hand seine Seele als kleines Kind und zeigt mit der andern auf die dabeistehenden Worte.

143. Ps. CXVIII Samech v. 115 „declinate a me maligni".

Ein Mann zeigt auf die Worte und auf das oben sichtbare Angesicht Christi. Es scheint eher, als gälte die Illustration eigentlich dem vorhergehenden Vers „adjutor et susceptor meus es Tu".

144. Ps. CXVIII Ain v. 122 „suscipe servum tuum".

Zum vollständigen Vers ist zu ergänzen „in bonum; non calumnientur me superbi". Christus sitzt auf dem Thron, das Pedum in der Hand. Neben ihm befindet sich ein Mann, der sich zum Fortgehen gewandt hat, es ist der auch schon in Vers 121 erwähnte „calumnians". Unten erhebt David Hülfe suchend seine Hand, die von Christus ergriffen wird, und zeigt mit der andern auf den davonschreitenden Verläumder (non tradas me calumniantibus me).

145. Ps. CXVIII Phe 131 „os meum aperui et attraxi spiritum" (Fig. 38).

Links steht König David und blickt mit weit geöffnetem Mund nach oben, während von rechts sechs Vögel (spiritus), in drei Paaren über einander, herbeifliegen, und zwar alle mit dünnen Fäden im Schnabel, die David mit der Hand herauzieht. Sechs Vögel sind es offenbar mit Beziehung auf die sechs im Isaias Cap. XI, 2 genannten spiritus, auch sind sie dort ebenso wie hier in drei Paaren angeordnet.

146. Ps. CXVIII Sade v. 143 „tribulatio et angustia".

Ein Mann stützt zum Ausdruck der Trübsal das gesenkte Haupt auf die Linke und hält in der Rechten ein Buch mit den angeführten Worten. Oben ist der Kopf Christi sichtbar.

147. Ps. CXVIII Coph v. 145 „clamavi in toto corde".

David kniet mit geöffnetem Mund (clamavi), legt eine Hand auf die Brust (in toto corde meo) und zeigt mit der anderen auf den Text. Oben sieht man Christi Kopf.

148. Ps. CXVIII Res v. 153 „vide humilitatem“.

Ein Mann, der in ganz zusammengeknickter Stellung (humilitas) ein Buch mit den genannten Worten hält, wird von Christus oben beim Haar erfasst (eripe me).

149. Ps. CXVIII Sin v. 164 „septies in die laudem dixi tibi“.

David hält kniend ein Buch in der Linken und zeigt auf die nebengesetzten Worte. Die Halbfigur Christi erscheint in der Höhe.

Fig. 14.   Ps. CXVIII Pbe v. 161.

150. Ps. CXVIII Tau v. 176 „erravi sicut ovis quae periit“ (Fig. 15).

König David in zusammengeknickter Stellung (erravi) zeigt mit der Rechten auf jene Worte, mit der Linken nach unten rechts, wo ein Wolf mit Lamm im Rachen gemalt ist. Die Spitze bildet der Kopf Christi.

151. Ps. CXIX v. 4 „sagittae potentis acutae“.

Ein kniender Mann zeigt schreiend auf die Worte und zugleich auf zwei Bogenschützen, die nach ihm zielen. Oben ist Christi Antlitz sichtbar.

152. Ps. CXX v. 2 „auxilium meum a domino“.

Ein Mann, unten in Halbfigur sichtbar, hält in der Rechten ein Buch mit den Anfangsworten des betreffenden Psalmes

„Levavi oculos meos" und zeigt dabei auf die oben angeführten Worte, während links etwas höher Christus in ganzer Gestalt daherschreitet.

153. Ps. CXXI v. 1 „laetatus sum in his".

König David, den Blick halb erhoben, steht in einem Gebäude, hält in der Rechten ein Buch mit der zweiten Hälfte des Verses „in domum domini ibimus" und zeigt mit der Linken auf die Textworte.

154. Ps. CXXII v. 2 „ecce sicut oculi servorum".

Mehrere Männer und eine Frau mit über der Brust gekreuzten Armen stellen die „servi" und die in der zweiten Vershälfte erwähnte „ancilla" dar. Neben ihnen steht König David und zeigt mit der Rechten hinauf, wo zwischen zwei Engelsköpfen das Antlitz Christi sichtbar wird.

155. Ps. CXXIII v. 6 „benedictus dominus qui non dedit".

Ueber einer dunkelgrünen Wellenlinie, welche Wasser darstellen soll, sieht man eine Schaar von Menschen theilweise erst mit dem Oberkörper hervorragen (gemäss Vers 4 und 5). Einer derselben wird an der Hand von Christus heraufgezogen. Dieser ist oben sichtbar, das Pedum in der Hand, zwischen den Halbfiguren zweier Seligen mit blassgelbem Nimbus. Einer von den Letzteren zeigt auf die Worte und ist es also, der sagt: „Benedictus dominus, qui non dedit nos in captionem dentibus eorum", während die Männer unten noch der Rettung entgegensehen.

156. Ps. CXXIV v. 1 „qui confidunt in domino sicut".

Ein Mann zeigt mit der Rechten auf die Worte, mit der Linken auf einen grünen Berg (mons Sion), über dem mehrere Männerköpfe sichtbar werden. Ganz oben ist die Halbfigur Christi.

157. Ps. CXXV v. 5 „qui seminant in lacrimis".

In der hohen Initiale I sieht man zuoberst die Halbfigur eines Mannes mit roth und weiss gefleckter kegelförmiger Mütze, welcher auf die Worte zeigt und in der andern Hand ein Buch hält mit der zweiten Vershälfte „in exultatione metent". Darunter mäht ein Mann mit einer Sichel Korn und noch tiefer säet ein Dritter, beide ebenfalls als Halbfiguren.

158. Ps. CXXVI v. 2 „surgite postquam sederitis qui manducatis panem doloris".

Ein König, wohl Salomo, zeigt mit der Linken auf die Worte, mit der Rechten nach unten links, wo drei Männer an

einem Tisch mit drei Bröten und einem Messer sitzen. Von
links oben ergreift Christus, der dort in Halbfigur sichtbar,
des Königs Arm.

159. Ps. CXXVII v. 2 „labores manuum tuarum quia mandu-
        cabis".

David zeigt auf die Worte und auf einen Mann links, der
mit Arbeit an einem Baum beschäftigt ist. Oben das Halbbild Christi.

160. Ps. CXXVIII v. 3 „supra dorsum meum fabricaverunt".

Ein Mann, dessen Buch die Worte enthält, krümmt sich,
da ihm ein Anderer von links mit einem Beil auf den Kopf,
ein Dritter über ihm mit gleichem Instrument auf den Rücken
schlägt (supra dorsum).

161. Ps. CXXIX v. 2 „fiant aures tuae intendentes".

Ein Mann mit Buch, welches die Inschrift trägt, zeigt
in hockender Stellung mit der Linken über sich an das Ohr
Christi, dessen Kopf allein sichtbar ist. Die hockende Stellung bezieht sich wohl auf den Psalmanfang „de profundis
clamavi ad te".

162. Ps. CXXX v. 2 „sicut ablactatus est super matre sua".

König David kniet vor Christus, dessen Haupt oben sichtbar ist, und zeigt mit der Linken auf sich selbst (in anima mea),
mit der Rechten auf eine sitzende Frau, die ihr Kind säugt.

163. Ps. CXXXI v. 4 „si dedero somnum oculis meis".

Ein Mann zeigt mit der Rechten auf seine Augen, mit
der Linken auf den Text.

164. Ps. CXXXII v. 2 „sicut unguentum in capite".

Rechts unten steht ein Mann mit Goldreifen an der Mütze,
wahrscheinlich David, und zeigt hinauf, wo Christus lehrend
zwischen vier Männern erscheint (v. 1 „ecce, quam bonum et
quam jucundum habitare fratres in unum"). David gegenüber
steht Aaron, wie in Initiale 106 durch Tonsur gekennzeichnet,
als Gegenstand von Vers 2 „sicut unguentum in capite, quod
descendit in barbam, barbam Aaron".

165. Ps. CXXXIII v. 1 „benedicite dominum".

In einem Gebäude (domus domini) streckt ein Schaar Menschen (omnes servi domini) die Hände in die Höhe. Aussen
vor dem Haus steht ein Mann mit roth und weiss gefleckter
Mütze, hebt die Rechte empor und weist mit der Linken auf die
Textworte.

166. Ps. CXXXIV v. 8 „qui percussit primogenita Egypti".

„ab homine usque ad pecus" lautet die Fortsetzung des Verses. Ein Engel schlägt mit dem Schwert auf den Kopf eines der vor ihm stehenden Männer, während man hinter ihm vier bereits geköpfte Rinder erblickt.

Fig. 39. Ps. CXXXVI v. 1.

167. Ps. CXXXV v. 15 „et excussit pharaonem et virtutem ejus in mari rubro".

Unten ist Wasser, in dem ein Mensch liegt (Pharao); dahinter sieht man die Schaar der dankend hinaufblickenden Israeliten.

168. Ps. CXXXVI v. 1 „super flumina babilonis illic sedimus" (Fig. 39).

Die Fortsetzung lautet „et flevimus, cum recordaremur Sion; in salicibus in medio ejus suspendimus organa nostra". Der Körper der Initiale S ist als Fluss gezeichnet mit zahl-

reichen Fischen darin. An den Ufern entlang sitzen zu beiden Seiten die trauernden Israeliten, den Kopf meist auf die
Hand gestützt. In der oberen Bucht des S stehen zwei Bäume
(salices), an deren einem ein Mann seine Harfe aufhängt.

169. Ps. CXXXVII v. 1 „in conspectu angelorum psallam tibi“.

Links steht Christus, in der Mitte zwei Engel, die sich
nach rechts einem Mann zuwenden. Dieser, mit blassgelbem
Heiligenschein, zeigt auf die beigefügten Worte.

170. Ps. CXXXVIII v. 7 „quo ibo a spiritu tuo“.

Links steht Christus mit mahnender Handbewegung; rechts
ein Mann in zusammengeknickter, seine Furcht verrathender
Stellung. Der Geängstigte zeigt mit der Rechten auf den
Text, mit der linken auf einen Vogel (spiritus), welcher von
oben auf sein Haupt fliegt.

171. Ps. CXXXVIII v. 8 „si ascendero in caelum, tu illic“ —
„si descendero ad infernum, ades“.

König David, mit Flügeln versehen, welche seine Fähig-
keit andeuten sollen, zum Himmel und zur Hölle hinauf-
und hinabzusteigen, weist mit einer Hand auf ein Buch über
ihm, in dem die Worte „si ascendero in caelum etc.“ stehen,
und über welchem Christi Antlitz sichtbar ist. Mit der anderen aber zeigt er nach einem Buch unten mit den Worten
„si descendero etc.“, unter welchem ebenfalls der Kopf Christi
erscheint.

172. Ps. CXXXIX v. 4 „acuerunt linguas suas“.

Ein Mann mit roth und weiss gefleckter Mütze blickt nach
links und zeigt auf einen Anderen dort, welcher die Zunge
ausstreckt und beide Zeigefinger erhebt. Die letzte Bewegung
ist vielleicht als Spott zu erklären.

173. Ps. CXL v. 3 „pone domine custodiam ori meo“.

König David blickt hinauf zu Christus, hält in der Rechten
ein Buch, in welchem die Worte des Verses 2 stehen: „diri-
gatur oratio mea“, die fortzusetzen sind „sicut incensum in
conspectu tuo“; in der Linken schwingt er ein Räuchergefäss
(incensum), während Christus, dessen Halbfigur oben sichtbar
ist, zur Illustration der Textworte ihm ein Schloss oder Siegel
vor den Mund legt.

174. Ps. CXL v. 5 „corripiet me justus“ (Fig. 20).

Obgleich diese Darstellung die Initiale zum Psalm CXLI
bildet, behandelt sie doch einen Vers aus dem vorhergehenden.

In der Mitte erblickt man einen Mann mit goldener Kopfbedeckung, wohl David. Mit weit geöffnetem Mund sieht er
schreiend hinauf zu Christus. In jeder Hand streckt er ein
Buch in die Höhe. In dem der Rechten steht geschrieben
„corripiet me justus", und demgemäss steht an der betreffenden Seite ein Mann mit roth und weiss gefleckter Mütze
(justus) und schlägt ihn mit einer Ruthe. In dem Buch der
Linken wird derselbe Vers fortgesetzt „oleum autem peccatoris"
(„non impinguet caput meum" zu ergänzen), und dementsprechend giesst ein Mann über seinem Kopf ein Gefäss aus.
Dieser peccator, welcher keine Kopfbedeckung trägt, zieht
die Füsse des Königs mittelst Schlingen in die Höhe, so dass
derselbe auf die Knie sinkt. (v. 9 „custodi me a laqueo, quem
statuerunt mihi".)

175. **Ps. CXLII v. 2 „et non intres in judicium".**

Christus mit bartlosem, von einem goldenen Kreuznimbus
umgebenen Haupt erhebt die Rechte zum Antlitz Gott Vaters,
welches oben sichtbar ist. Links steht König David und
streckt ein Buch empor mit dem Anfang dieses Psalmes „domine
exaudi orationem". Rechts dagegen halten zwei Männer, welche
durch ihre vergoldeten Mützen als Vornehme gekennzeichnet
sind, gemeinsam ein Buch mit den Worten des zweiten Verses
„et non intres in judicium". Beide sind ausserdem mit einem
Stock über der Schulter versehen als Hinweis auf Vers 8, wo
es heisst: „notam fac mihi viam, in qua ambulem". Vielleicht hat der Maler bei diesem letzten Vers an die Frage des
Reichen an Christus gedacht (Luc. XVIII, 18), und dies hat
ihn veranlasst, Christus zu zeichnen, der auf Gott Vater weist.

176. **Ps. CXLIII v. 5 u. 6 „domine inclina caelos tuos et des-
cende" — „fulgura coruscationem".**

Christus beugt sich von oben ganz vorne über und sticht
mit einem langen rothpunktierten Keil hinunter auf vier Männer,
die sich krümmen und sich aneinanderhalten, während feurige
Spitzen (coruscatio) auf sie niederregnen.

177. **Ps. CXLIII v. 10 „qui das salutem regibus".**

Christus, welcher oben halb sichtbar ist, zieht einen König
an der Hand in die Höhe, der sich bis zur Hüfte im Wasser
befindet und in der Rechten ein Buch hält mit den Worten
„deus canticum novum". (v. 9.) Bei dieser Errettung war der
vorhergehende Vers 7 „libera me de aquis multis" maassgebend.

9*

178. Ps. CXLIV v. 1 „exaltabo te deus meus rex".

    Ein Sessel, auf dem Christus mit Buch sitzt, wird von einem Mann auf der Schulter getragen, der in der Rechten ein Buch mit der Inschrift hält.

179. Ps. CXLIV v. 10 „confiteantur tibi domine omnia opera tua".

    Unter Christi Antlitz kniet rechts ein Heiliger mit goldenem Nimbus (sancti tui benedicant tibi) und zeigt mit der

Fig. 40. Ps. CXLV v. 4.

Rechten auf die Textworte, mit der Linken auf eine betende Schaar vor ihm (omnia opera tua).

180. Ps. CXLV v. 4 „exibit spiritus ejus et revertetur in terram suam" (Fig. 40).

    Ein Mann mit roth und weiss gefleckter Mütze in sehr verschrobener Stellung erhebt mit der linken Hand eine kleine Kinderfigur, seine Seele, welche die Hände betend emporstreckt zum Antlitz Christi. Es bezieht sich dies auf den Psalmanfang „Lauda, anima mea, dominum". Derselbe Mann zeigt mit der andern Hand auf einen Menschen, welcher nur mit Kopf und

Schultern aus einem verzierten kastenartigen Gegenstand, wohl einem Sarkophag, herausragt (et revertetur in terram suam), und aus dessen Mund ein Vogelkopf hervorblickt (exibit spiritus ejus).

181. Ps. CXLVI v. 6 „humilians autem peccatores usque ad terram“.

Koenig David (?) weist mit einer Hand auf den Text, mit der andern zeigt er mehreren emporblickenden Maennern den „peccator“, eine sich kruemmende Gestalt, die von Christus mit Huelfe des Pedums zu Boden getreten wird.

182. Ps. CXLVII v. 15 „qui emittit eloquium suum terrae“.

Christus, mit Kreuznimbus und unbaertig, schwebt, den Kopf voran, schraege hinunter, waehrenddessen ihm ein Vogel aus dem Mund fliegt (velociter currit sermo ejus). Sermo ist hier in dem Sinn von spiritus aufgefasst.

183. Ps. CXLVIII v. 1 „laudate dominum de caelis“.

Ein Mann, unbaertig, in rother Muetze mit Goldrand, vielleicht David, erhebt die Haende und fordert die uebrige Schaar zur Lobpreisung auf, die in Maennern, Frauen, vierfuessigen Thieren, Voegeln, Fischen und Pflanzen besteht. Der Kopf Christi ist ganz oben sichtbar.

184. Ps. CXLIX v. 6 „et gladii ancipites in manibus eorum“.

Oben links steht Christus. Unten befinden sich in einem Gebaeude (ecclesia sanctorum, v. 1) eine Schaar Frauen (filiae Sion, v. 2), vor ihnen drei Ritter mit Kettenpanzer, Kegelhelm und Schwert (gladii ancipites), welche den von rechts dem Gebaeude zuschreitenden zwei Teufeln entgegenruecken.

185. Ps. CL v. 3 „laudate eum in sono tubae“.

Ein Mann spielt die Harfe, Andere unter ihm Glocken, Tuben und Guitarre. In der Hoehe erscheint das Antlitz Christi.

---

186. Canticum Isaiae (Isaias XII v. 3) „haurietis aquas in gaudio de fontibus salvatoris“ (Fig. 41).

Der vor dem Halbbild Gottes kniende Prophet Isaias zeigt auf einen Mann, der aus einer Quelle Wasser schoepft. Aus der Mitte dieser Quelle erhebt sich ein grosses Kreuz mit zahlreichen Astansaetzen, und auf dem Querarm desselben steht das Lamm als Bild des „salvator“.

187. Canticum Ezechiae (Isaias **XXXVIII** v. 10) „ego dixi in di-
        midio".

Oben erscheint Christus mit Buch. Darunter nähert sich
König Ezechias dem Höllenrachen, in dem zwei Teufel sichtbar sind. Mit der Rechten zeigt er auf ein Buch mit den
Worten „vadam ád portas inferi" (v. 10), mit der Linken auf
sein Auge („attenuati sunt oculi mei" v. 14).

Fig. 41. Cant. Isaiae XII v. 3.

188. Canticum Annae (1. Regum II v. 5) „donec sterilis peperit".

In einem Gebäude thront ein Abt mit blassgelbem Nimbus,
Tonsur und Krummstab. Es ist offenbar Eli („Heli sacerdote
sedente super sellam ante postes templi Domini" 1. Reg. I, 9).
Vor ihm steht Hanna, erhebt flehend die rechte Hand, während
sie mit der Linken eine kleine nackte Gestalt empfängt, den
Embryo Samuel's, der ihr von Gott, dessen Haupt rechts oben
sichtbar ist, gesandt wird.

189. Canticum Moysi (Exodus XV, 1) „Cantemus domino“.

    Moses mit goldener halbkugelförmiger Kopfbedeckung und goldenem Stab steht lobsingend inmitten der Israeliten, mehrerer Frauen und Männer, von denen einige goldene Glocken in den Händen halten.

190. Canticum Abacuc (Abacuc III), ohne Beischrift.

    Links oben ergreift ein Engel den mit Krug und Henkelkorb beladenen Habakuk und setzt ihn rechts wieder nieder, dem Daniel, welcher sich darunter in der Löwengrube befindet, die Speisen zu reichen.

191. Canticum Moysi II (Deuteronomium XXXII, 1) „audite“.

    Moses, bartlos, mit goldenem Diadem, sitzt und schreibt „audite“ auf eine Tafel. Hinter ihm schaut neugierig eine Schaar Männer zu, über ihm sind zwei Engel sichtbar.

192. Canticum Moysi II Fortsetzung (Ignis succensus est, Deut. XXXII v. 22). Initiale herausgeschnitten.

193. Hymnus SS. Ambrosii et Augustini (Te Deum laudamus), ohne Beischrift.

    Zwei Geistliche mit Tonsur, Stola und Krummstab übereinander, der eine mit Buch, der andere mit Schriftrolle, sollen vermuthlich Ambrosius und Augustinus darstellen. Ueber ihnen befindet sich die Halbfigur Christi mit Buch zwischen zwei Engeln mit Buch.

194. Canticum trium puerorum (Daniel III, 57) „benedicite“.

    Ein Engel zeigt auf die Beischrift und auf die drei Knaben, welche vor einer Schaar Männer in den Flammen stehen.

195. Canticum Zachariae (Ev. Luc. I v. 68) „Apparitio gabrielis arcangeli Zachariae“ (I v. 11).

    Im Tempel steht Zacharias als Priester mit Tonsur und Stola, einen Kelch in der Hand, vor dem Altar. Ihm gegenüber erscheint der Engel Gabriel und zeigt auf die Ueberschrift und den Mund des Zacharias („et ecce, eris tacens etc. . . . .“ v. 20).

196. Canticum Sce. Mariae (Ev. Luc. v. 46) „Magnificat“.

    Ein Engel tritt vor Maria und berührt ihr Haupt, während sie auf die Beischrift zeigt. Beide halten gemeinsam ein Buch mit den Worten „Ave Maria gratia plena dominus. .“

197. Canticum S. Symeonis (Lucas II v. 29), ohne Beischrift.

    Darbringung im Tempel, Maria hat dem Simeon das Christkind übergeben, und zwar am Eingang des Tempels. Die Begleiterin der Maria trägt drei Vögel.

198. Oratio Dominica.

Ein reichgeschmückter Mann mit grau und weiss gefleckter kugelförmiger Mütze in einem Gebäude mit offen stehender Thür zeigt auf den oben sichtbaren Kopf Gottes ("pater noster qui es in caelis").

200. Symbolum Apostolorum.

Ein Geistlicher (Tonsur), dem rechts einige zur Hälfte sichtbare Männer zuhören, zeigt mit einer Hand hinauf zu Gott Vater, dessen Brustbild in der Glorie zwischen zwei Engelsköpfen sichtbar ist ("Credo in Deum Patrem etc...."), mit der andern auf Christus und Maria, die nebeneinander stehen und durch den heiligen Geist, der in Gestalt eines Vogels seine Füsse auf ihre beiden Heiligenscheine gesetzt hat, verbunden werden.

201. Hymnus angelicus ("Gloria in excelsis..").

Links breitet ein Geistlicher die Arme aus, rechts etwas höher betet ein Mann, bartlos, mit roth und goldenem Nimbus.

202. Credo (in anderer Form als bei 200) "Credo in unum deum patrem" (omnipotentem factorem caeli et terrae).

Ein Geistlicher kniet vor einem Altar, auf dem ein Buch mit den angeführten Worten steht. Oben ist die Halbfigur Gottes sichtbar.

203. Fides catholica scdm. Athanasium. "Quicunque vult salvus esse ante...".

Eine Schaar Männer hält ein Buch mit dieser Inschrift einem sitzenden Geistlichen mit Goldnimbus und Krummstab (wohl St. Athanasius) vor. Dieser zeigt auf die Stirn des Vordersten, um auf dessen Gedächtniss hinzuweisen ("ante omnia opus est, ut teneat Catholicam fidem").

204. Litanei.

Links Gott Vater und Sohn in ganzer Gestalt, vereint durch den hg. Geist, einen Vogel, der auf ihren Köpfen steht (vgl. No. 200). Rechts zeigt ein Geistlicher in halbgeknickter Stellung auf die beiden Bücher, welche je von einer knienden Frauengruppe zu seinen beiden Seiten in die Höhe gehalten werden. In dem einen steht: "pater de caelis deus m(iserere nobis)" und "fili redemptor mundi deus m", in dem andern: "spiritus sancte deus m" und "sancta trinitas unus deus m".

205. Oratio „deus in adiutorium meum intende".

    Ein Mann blickt hinauf zu Christus und zeigt dabei auf die Beischrift und einen von links herannahenden Teufel.

206. Oratio „deus cui proprium est misereri".

    Ein Geistlicher kniet betend und blickt sich dabei um zu Christus, der mit mahnender Geberde hinter ihm steht.

207. Oratio (Omnipotens sempiterne deus qui facis mirabilia) „praetende super famulos tuos".

    Von Christus steigt ein Vogel („spiritus gratiae") herab auf die Versammlung mehrerer Laien und zweier Geistlichen mit Krummstab, von denen einer auf die Beischrift weist.

208. Oratio (Praetende domine famulis et . . .) „praetende".

    Ein Mann mit Binde um den Kopf ergreift das Handgelenk Christi, der sich herabbeugt, und legt den Zeigefinger der Linken auf den Kopf eines Mannes vor ihm, dem eine Schaar Anderer folgen.

209. Oratio (Deus a quo sancta desideria recta consilia . . . .) „et hostium sublata for(midine)".

    Ein Mann mit Buch, das die genannten Worte enthält, blickt hinauf zu Christus und zeigt auf zwei herannahende Teufel.

210. Oratio „ure igne sancti spiritus".

    Ein Mann mit goldener kronenartiger Kopfbedeckung öffnet den Mund, fasst an seine Hüfte (renes) und zeigt auf sein Herz (cor), während vor ihm der Kopf Christi erscheint, aus dessen Mund ein Vogelkopf, der heilige Geist, hervordringt.

211. Oratio „actiones nostras quis domine (aspirando)".

    Zwei Männer sind beschäftigt, mit Hacken das Land zu bearbeiten. Der hg. Geist kommt als Vogel herab von Gott.

212. Oratio (Domo tua quis domine) „spirituales nequitiae repellantur".

    Ein Mann hält ein Buch mit diesen Worten. Christus stösst von oben mit einer Art Gabel einen Teufel hinweg.

213. Oratio „ut destruetis".

    Gleiche Darstellung wie 212, nur mit der andern Buchinschrift. Initiale 211, 212 und 213 sind miteinander verbunden.

Verzeichniss der ganzseitigen Bilder der Handschrift.[1])

a) Vom Schreiber des Alexisliedes.

1. fol. 9ᵃ Sündenfall.

    Adam und Eva sitzen zu beiden Seiten des Baumes. Eva wendet sich um zur Schlange, die aus dem Munde eines geflügelten Teufels im Baum hervorringelt, nimmt ihr die Frucht ab und reicht sie Adam, der davon isst. Dreimal ist also eine Frucht gezeichnet.

2. fol. 9ᵇ Vertreibung aus dem Paradiese.

    Unter einer dreibogigen Architektur steht in der Mitte Gott (mit einfachem Nimbus) und treibt das Paar nach rechts hinaus; Eva trägt die Spindel, Adam eine Hacke und blickt sich um. Links ein sechsflügeliger Cherub auf dem Rad, ein Schwert in der Hand.

3. fol. 10ᵃ Verkündigung.

    Maria sitzt rechts auf einem Thron, in der Linken ein Buch, die Rechte erschrocken erhoben. Der Engel links nimmt mit der Linken seinen Mantel auf und erhebt redend die Rechte. Er trägt wie alle Engel dieses Cyclus im Haar einen feinen Reifen mit bügelartigem Querstück über dem Kopf.

4. fol. 10ᵇ Heimsuchung.

    In einem Gebäude umarmen sich Maria und Elisabeth. An jeder Seite wird der Vorhang durch eine Dienerin in die Höhe gehoben. Die Letzteren tragen keine Mäntel, sondern nur ein anschliessendes Gewand mit weiten Hängeärmeln, durch das Haar der einen schlingt sich ein Band.

---

[1]) Die Photographien sämmtlicher Bilder sind beim Photographen F. H. Bödeker in Hildesheim zu kaufen.

5. fol. 11ᵃ Geburt Christi.

Die Madonna, in einem Kuppelgebäude auf dem Lager rechts ausgestreckt, erhebt den Zeigefinger der Rechten. Links sitzt Joseph, das Kinn auf die Hand gestützt. Hinten in der Mitte sehr klein die Krippe mit dem Christuskind nebst Ochs und Esel, welche das Kind belecken; darüber der Stern und ein schwebender Engel. Vor dem Bett der Maria sind noch einmal die emporblickenden Köpfe von Ochs und Esel sichtbar.

6. fol. 11ᵇ Verkündigung an die Hirten.

Drei Hirten mit Ziegen und Schafen sind an einem Berg gelagert. Von links tritt ein Engel auf sie zu, redend die Hände erhoben. Oben zwei Reihen Engel, die höhere anbetend nach oben blickend, die untere redend zu den Hirten geneigt.

7. fol. 12ᵃ Die drei Könige vor Herodes.

Rechts thront Herodes mit Buch in der Linken, die Rechte erhoben. Hinter ihm Diener mit Schwert. Vor ihm stehen die drei Könige ebenfalls mit Geberden der Rede. Oben ausserhalb des Ornamentrahmens erblickt man den Stern.

8. fol. 12ᵇ Die drei Könige folgen dem Stern.

Die drei Könige zu Pferde reiten nach rechts und zeigen auf den Stern; im Hintergrund 2 Bäume.

9. fol. 13ᵃ Anbetung der drei Könige.

In einem Gebäude sitzt die Madonna mit dem segnenden Kind auf dem Schooss. Der vorderste der drei Könige, die vor ihr stehen, überreicht dem Kind einen kleinen runden Gegenstand. Ganz links in der Vorhalle des Gebäudes sieht man den Hintertheil eines Pferdes und das Mantelende des Reiters, ein Hinweis auf die Ankunft der Könige zu Pferde.

10. fol. 13ᵇ Traum der drei Könige.

In einem Hause liegen die drei Könige schlafend nebeneinander auf einem Bett, ein Engel fasst den Arm des hintersten und redet zu ihm.

11. fol. 14ᵃ Rückkehr der drei Könige.

Die drei Könige reiten nach links, die zwei vorderen reden zueinander; im Hintergrund drei Bäume.

12. fol. 14ᵇ Darbringung im Tempel.

In der Mitte ein Altar, über dem Maria das segnende Christuskind in sitzender Stellung dem Simeon rechts darreicht. Von jeder Seite naht eine Frau mit zwei Tauben in den Händen, eine Symmetrie auf Kosten der Wahrheit der Darstellung, da sonst nur die Begleiterin der Maria ein Opfer trägt.

13. fol. 15ᵃ Flucht nach Egypten.

Die Madonna mit dem segnenden Christuskind auf dem Schooss reitet auf der Eselin nach rechts auf ein Thor zu, durch welches der Führer das Thier an der Leine herauszieht. Es folgt Joseph mit einer Gerte zum Anspornen in der Rechten und Hacke und Beutel über der linken Schulter.

14. fol. 15ᵇ Bethlehemitischer Kindermord.

Links thront Herodes und redet zu einem Kriegsknechte mit gezücktem Schwert, der davonschreitend sich zum Könige umsieht und nach rechts zeigt, wo bereits drei Männer beschäftigt sind, den Frauen ihre Kinder zu entreissen. Von den Müttern, die sämmtlich banddurchflochtene Haare haben, sucht die vorderste rechts davonzulaufen; weiter links sitzt eine zweite mit entblösster Brust, zwischen beiden beisst eine dritte dem Kriegsknecht ins Bein. Die Körper Ermordeter liegen am Boden.

15. fol. 16ᵃ Rückkehr aus Egypten.

Gleiche Darstellung wie No. 13, nur nach links gerichtet.

16. fol. 16ᵇ Taufe Christi.

Das Wasser mit zahlreichen Fischen steigt wie ein Berg bis an den Hals des ganz nackten Christus. Dieser ist bärtig mit langen auf die Schulter fallenden Haarsträhnen und mit Kreuznimbus. Eine Taube in stossender Stellung schwebt über ihm. Johannes links legt die Rechte auf sein Haupt und hält in der Linken ein kleines rundes Gefäss. Links steht ein Engel und reicht ein Tuch, rechts ein gleicher ein Gewand.

17. fol. 17ᵃ Versuchung Christi.

In der Mitte grosse Palme. Links steht Christus und redet zum Teufel, der auf zwei Steine in seiner Hand zeigt. Der Teufel ist wie ein Mensch gebildet mit Krallen statt der Füsse, starker Behaarung an Armen und Beinen, Flügeln, Schwanz, schnabelförmiger Nase und langen Ohren.

18. fol. 17ᵇ Versuchung Christi.

Christus steht auf dem Dach eines Hauses links, ein Teufel versucht, ihn von hinten vorwärts zu stossen, ein anderer springt, ihm winkend, vor ihm hinab.

19. fol. 18ᵃ Versuchung Christi.

Auf einem Berg redet Christus zum Teufel, zwischen Beiden liegen auf dem Boden eine Krone, Gefässe und Münzen, auf welche der Teufel zeigt. Links ein hoher blühender Baum.

20. fol. 18ᵇ Christus im Hause des Lazarus.

Links am Tisch mit Speisen sitzt Christus, zeigt auf die vor ihm kniende Maria Magdalena, welche seine Füsse mit den Haaren abtrocknet, und redet zum nächsten der hinter dem Tisch sitzenden Männer. Hinter Christus ein Diener mit Gefäss in der erhobenen Rechten.

21. fol. 19ᵃ Einzug in Jerusalem (Taf. V).

Von links reitet Christus (rittlings auf der Eselin) dem Thore rechts entgegen, die Rechte segnend erhoben, in der Linken eine Schriftrolle. Ihm folgt die ganze Apostelschaar. In der Mitte des Hintergrundes ein Baum, in dessen Krone Zachäus steht. Unter dem Thore kommen ihm vier Gestalten entgegen, Palmzweige in der Hand und Röcke ausbreitend.

22. fol. 19ᵇ Petri Fusswaschung.

Auf einer Fussbank im Vordergrund vier Apostel fusswaschend; dahinter auf einer höheren Bank die übrigen acht, diese letzteren sind mit dem Rücken zum Beschauer gekehrt mit Ausnahme von Petrus ganz links, der nach links gewandt seine rechte Hand auf den Kopf legt und zu Christus herabblickt, der vor ihm kniend ihm die Füsse wäscht.

23. fol. 20ᵃ Christi Gebet am Oelberg.

Christus kniet auf einem Hügel, erhebt die Linke und zeigt auf einen Kelch, der vor ihm steht. Ein Engel redet zu ihm; hinter ihm ein Baum. Rechts vorne sitzen drei Apostel mit gestütztem Haupt, zwei von ihnen mit geschlossenen Augen.

24. fol. 20ᵇ Christus weckt die Jünger am Oelberg.

Christus links vorne berührt einen der Schlafenden mit seinem Krückstock und erhebt den Zeigefinger der Linken redend. Links ein Baum, im Hintergrund ein Hügel mit Kelch auf dem Gipfel.

25. fol. 21ᵃ Abendmahl.

Hinter einem halbkreisförmigen Tisch sitzen die Apostel, ganz links Christus mit Johannes an seine Brust gelehnt. Er erhebt die Rechte und giebt dem Judas, der in halb kniender Stellung vor ihm und vor dem Tisch steht, das Brot in den

Mund, das die Gestalt einer kleinen menschlichen Figur hat. Die Apostel sind paarweise im Gespräch einander zugekehrt.

26. fol. 21ᵇ Gefangennahme Christi.

Christus wird von Judas, der von rechts herantritt, umarmt und geküsst; er wendet dabei den Körper und die mahnende Rechte nach links, wo Petrus das Schwert erhoben und den Knecht am Ohr gepackt hat; rechts sucht ein anderer Knecht Christus an der Linken fortzuziehen, ein dritter legt ihm die Hand um die Schulter. Die Reihe der Knechte schliesst sich hinter Christus, und weiter folgt noch eine zweite von Kriegern mit Kettenpanzer, etwas vorgeneigtem kegelförmigem Helm und Lanze.

27. fol. 22ᵃ Verspottung Christi.

Christus steht in der Mitte mit Dornenkrone und verbundenen Augen. Links giebt ihm ein Mann ein Rohr in die Hand, speit ihn an und holt mit der Rechten zum Schlage aus, rechts schlägt ihn ein Zweiter mit einem Rohr. Unten knien zwei kleinere Gestalten, die Christus mit erhobenen Händen verspotten.

28. fol. 22ᵇ Geisselung Christi.

Christus, an eine Säule gebunden, kehrt den Rücken aus dem Bilde und wendet den Kopf nach links, wo Pilatus auf einem Thron sitzt, in der Rechten einen Zweig wie eine Ruthe. Zwei Knechte mit verzerrten Gesichtern, der eine mit gesträubtem Haar, schlagen auf den entblössten Rücken des Gefesselten.

29. fol. 23ᵃ Pilatus seine Hände waschend.

Pilatus wäscht seine rechte Hand, während ein Diener ihm Wasser übergiesst, ein Anderer den Aermel zurückhält. Die Linke erhebt er über das Volk und die Aeltesten rechts, als ob er sagt: „Das Blut Jesu komme über euch". Christus selbst ist nicht sichtbar.

30. fol. 23ᵇ Kreuztragung.

Christus mit entblösstem Oberkörper trägt das Kreuz aus einem Thor nach rechts. Drei Männer mit Lanzen gehen voran, einer wendet sich zurück und droht ihm, ein vierter hinter Christus schiebt ihn vorwärts.

31. fol. 24ᵃ Kreuzabnahme.

Auf den Querarmen des Kreuzes mit vielen Astansätzen knien zwei Engel. Joseph von Arimathia, auf einer kurzen

Leiter am Mittelstamm, hält den Leichnam Christi um den
Leib, während eine kleine Gestalt unten den letzten Fuss-
nagel mit langer Zange herauszieht. Symmetrisch zur Seite
stehen links Maria, rechts Johannes, die vornübergeneigt Jeder
eine Hand Christi küssen; hinter Maria Maria Magdalena, hinter
Johannes Nicodemus.

32. fol. 24ᵇ Grablegung.

Joseph von Arimathia und ein Diener legen Christus in
einen Sarkophag, dessen Musterung an die wellenförmigen
Canneluren römischer Sarkophage erinnert. Hinten beugt sich
Maria über den in durchsichtige Tücher gewickelten Leichnam.
Nicodemus links im Hintergrund trägt ein Salbengefäss. Ueber
dem Grab eine Kuppel mit Hängelampe.

33. fol. 25ᵃ Höllenfahrt Christi.

Christus mit Kreuzesfahne, begleitet von zwei Engeln,
tritt auf zwei Thürflügel, die am Boden liegen, und erfasst den
Ersten einer grossen Menschenschaar, die aus dem gewaltigen
Höllenrachen heraustritt. Voraneilend dicht vor Christus eine
kleine flehende Gestalt, vielleicht David, nach der gefleckten
Kopfbedeckung zu urtheilen, die er auch oft in den Psalterillustrationen trägt. Im Hintergrund davoneilende Teufel.

34. fol. 25ᵇ Die drei Frauen am Grabe.

Rechts auf dem Sarkophag (unter demselben Kuppelge-
wölbe mit Lampe wie 32) sitzt der Engel, ein Scepter in der
Linken, nach rechts zeigend. Er wendet den Blick nach links
auf die 3 nahenden Frauen, deren vorderste ein Weihrauchge-
fäss, die letzte eine Büchse trägt. Sie erheben beide die
Rechte; von der dritten in ihrer Mitte ist nur der Kopf sichtbar. Rechts im Vordergrund vier sehr kleine schlafende Krieger.

35. fol. 26ᵃ Maria Magdalena's Bericht an die Apostel.

Maria Magdalena links redet zur Apostelschaar.

36. fol. 26ᵇ Christus erscheint den Aposteln.

Christus steht in der Mitte der Apostelschaar, sie an
Grösse weit überragend, er in Vorderansicht, die Apostel im
Profil. Er erhebt beide Hände, um seine Wundenmale zu zeigen,
während Thomas, der Erste links, seinen Zeigefinger in die
Seitenwunde legt.

37. fol. 27ᵃ Legende des hg. Martinus.

Das Bild ist zweitheilig. Unten steht links bei einem
Thor ein nackter Mann und ergreift das Ende des Mantels,

den St. Martinus (ohne Nimbus) zu Pferde mit dem Schwert
durchtheilt; oben liegt der Heilige im Bett, den Kopf auf die
Rechte gestützt, und über ihm in der Glorie erscheint Christus,
mit dem Mantel bekleidet, zwischen zwei Engeln.

38. fol. 27ᵇ Himmelfahrt Christi.

Christus verschwindet oben in Wolken; zwei schwebende
Engel zeigen auf die allein noch sichtbaren Füsse. Unten
steht Maria in der Mitte der Apostel und diese überragend.
Alle blicken empor und erheben leicht den rechten Zeigefinger.

39. fol. 28ᵃ Ausgiessung des heil. Geistes.

Hinter einer Mauer mit Thür, welche das verschlossene
Haus andeuten soll, sitzt Maria in Vorderansicht inmitten der
Apostel, diese an Grösse stark überragend; die Apostel im
Profil blicken nach oben. Eine herabschwebende Taube ent-
sendet aus ihrem Schnabel Strahlen auf sämmtliche Häupter.

40. fol. 28ᵇ König David.

König David sitzt auf einem Faltstuhl und streicht auf
der Guitarre, die er zwischen den Knien hält. Eine Taube
inspirirt ihn durch das rechte Ohr; zu seiner Rechten hüpft
ein Bock, zur Linken ein Lamm (siehe S. 36).

----

41. fol. 35ᵃ Begegnung Christi mit den Jüngern zu Emmaus
(Taf. VI).

Christus als „peregrinus" mit der Wandertasche, einem
Mantel aus Fell und einer mitraartigen Kopfbedeckung bekleidet, schreitet nach links zwischen zwei Jüngern. Gewählt
ist offenbar der Augenblick, wo diese zu Jesus, der weiter-
wandern will, sagen: „Mane nobiscum, quoniam advesperascit
et inclinata est jam dies" (Ev. Luc. XXIV v. 29). Sie zeigen
beide auf die Sonne in der Ecke oben rechts und der Eine
von ihnen ergreift den gewaltigen Wanderstab, welchen Christus
über der Schulter trägt.

42. fol. 35ᵇ Mahl zu Emmaus.

Christus, ebenso gekleidet, sitzt hinter einem Tisch mit
Fisch und Brot; ein Brot theilt er unter die beiden Jünger zu
seiner Seite, die es ehrfurchtsvoll entgegennehmen. Sie sind
in der Grösse Christus sehr untergeordnet.

43. fol. 36ᵃ **Christi Verschwinden in Emmaus.**

Erstaunt sitzen die beiden Jünger an den Seiten des Tisches, das Brot in der Hand, und blicken sich gegenseitig an, während Christus verschwunden ist, und nur seine Füsse noch oben im Bilde sichtbar sind.

b) Vom Schreiber des Psalters.

44. fol. 208ᵇ **Martyrium des hg. Albanus (Taf. VII).**

Links steht zunächst der befehlende König, dann folgt der Henker, der sein Schwert wieder in die Scheide steckt, nachdem er soeben dem rechts knienden hg. Albanus das Haupt abgeschlagen hat. Als Strafe dafür verliert er das Augenlicht; aus seinem geschlossenen Auge dringt ein feiner Blutstrahl, und entsetzt blickt ihn der Todtengräber rechts an, der seine Schaufel erhebt, bereit die Leiche zu begraben. Ein Engel ergreift den in Vogelgestalt aus dem Munde des Getödteten entschlüpfenden Geist und trägt ihn gemeinsam mit einem andern Engel hinauf zu Christus, dessen Haupt oben zwischen zwei Engeln in der Glorie erscheint. Merkwürdig ist, dass hier nicht das im Psalter übliche Bild für die Seele, eine kleine Menschengestalt, gewählt ist, sondern die Taube, das Bild des Geistes; es müsste denn sein, dass hier die „anima" im Bilde des „passer" wiedergegeben ist (Ps. CXXIII v. 7).

45. fol. 209ᵃ **David mit Musikern (Taf. VIII).**

Unter einem kleeblattförmigen Bogen sitzt König David und streicht die Guitarre zwischen seinen Knien. Sich vorneigend spricht er mit einem Psalterspieler zu seiner Rechten, während ein gleicher zur Linken zuhört. Unten sitzen unter Rundbögen zwei Glockenspieler, oben blasen zwei Jünglinge die Tuba und halten in der Hand eine runde Scheibe mit Stiel, wohl die Cymbel.

Verzeichniss der Monatsbilder und Verse im Kalender.

(Taf. IV.)

Januar (Wassermann) (Fig. 42): Janus mit Doppelgesicht sitzt auf einem Thron und hält in der Rechten ein Brot, in der Linken einen Topf.

    „Prima dies mensis et septima truncat ut ensis"

Februar (Fische): Ein Mann in Fell gekleidet sitzt auf einem Stuhl und wärmt die Hände über einem Feuer.

    „Quarta subit mortem, prosternit tercia fortem"

Fig. 42.   Fig. 43.   Fig. 44.

März (Widder): Ein Mann, nur mit kurzem Mantel und Mütze bekleidet, hält in der Linken einen grünenden Zweig mit einem Vogel, auf den er zeigt. (Fig. 43.)

    „Primus mandentem dirumpit, quarta bibentem"

April (Stier): Ein Mann mit Blüthenmütze auf dem Kopf, in jeder Hand einen Blüthenzweig.

    „Decimus et undenus est mortis vulnere plenus"

Mai (Zwillinge) (Fig. 44): Ein König, sitzend wie auch sämmtliche andern Monatsfiguren, trägt auf der Linken einen Falken.

    „Maius agenorei miratur cornua tauri"

Juni (Krebs): Ein Mann mit Mütze, eine Sense in der Linken.
„Denus pallescit, quindenus federa nescit"
Juli (Löwe): Ein Mann mit blossem Kopf hält in der Linken ein
Pflanzenbüschel, in der Rechten eine Sichel.
„Tredecimus mactat iulii, decimus labefactat"
August (Jungfrau): Ein kahlköpfiger Mann hält mit beiden Händen
eine Garbe.
„Prima necat fortem sternitque secunda coortem"
September (Waage): Ein Mann mit Schüssel voll Trauben in der
Rechten und einer einzelnen Traube in der Linken. (Taf. IV.)
„Tercia septembris et denus fert mala membris"
October (Scorpion): Ein Mann giesst aus einer Schale in ein Fass,
das er auf den Knien hält.
„Tercius et denus est sicut mors alienus"
November (Schütze): Ein Mann mit Axt.
„Scorpius est quintus et tercius ad mala cinctus"
December (Steinbock): Ein Mann schlachtet mit dem Beil ein Schwein.
„Septimus exanguis virosus denus ut anguis".

A. Handschriftenverzeichniss.

B. Ortsverzeichniss.

C. Sach- und Namenverzeichniss.

Die einfachen Ziffern verweisen auf die Seite, die Cursivzahlen auf die Initialnummer im Anhang I.

Buchdruckerei von Gustav Schade (Otto Francke) in Berlin N.

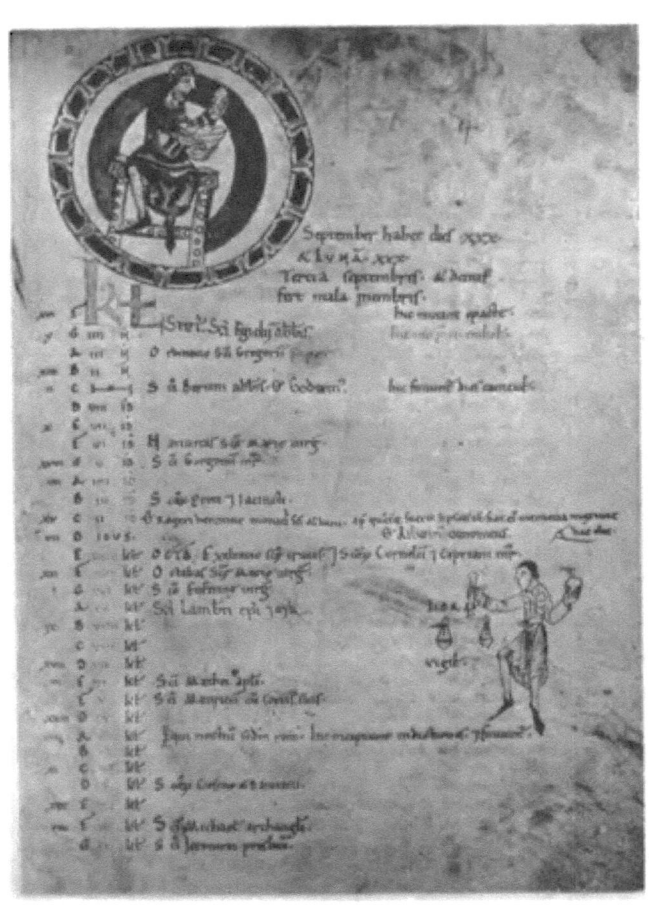

Tafel IV.

Monat September aus dem Kalender des Psalters.

Tafel V.

Einzug Christi in Jerusalem.

Tafel VI.

Christus begegnet den Jüngern bei Emmaus.

Tafel VII.

Martyrium des hl. Albanus.

Tafel VIII.

David mit seinen Musikern.